KB169323

변혁의 시대에 학교 경영, 어떻게 할 것인가?
새로운 학교문화를 꿈꾸는 교육 관계자를 위한 학교 경영 지침서

학교를
개선하는
교장

지속가능한 학교 혁신을 위한 실천 전략

학교를
개선하는
교장

지속가능한 학교 혁신을 위한 실천 전략

초판 1쇄 발행 2017년 5월 15일
초판 5쇄 발행 2021년 11월 11일

글쓴이 마이클 풀란
옮긴이 서동연, 정효준
펴낸이 김승희
펴낸곳 도서출판 살림터

기획 정광일
편집 조현주
북디자인 꼬리별

인쇄·제본 (주)신화프린팅
종이 (주)명동지류

주소 서울시 양천구 목동동로 293, 22층 2215-1호
전화 02-3141-6553
팩스 02-3141-6555
출판등록 2008년 3월 18일 제313-1990-12호
이메일 gwang80@hanmail.net
블로그 http://blog.naver.com/dkffk1020

ISBN 979-11-5930-038-7 03370

*가격은 뒤표지에 있습니다.
*잘못된 책은 바꾸어 드립니다.

변혁의 시대에 학교 경영, 어떻게 할 것인가?
새로운 학교문화를 꿈꾸는 교육 관계자를 위한 학교 경영 지침서

학교를
개선하는
교장

지속가능한 학교 혁신을 위한 실천 전략

마이클 풀란 지음
서동연, 정효준 옮김

| 일러두기 |

- 이 책의 원제목(*What's Worth Fighting For in the Principalship?*)을 문자 그대로 옮기면 '학교장으로서 무엇을 위해 노력해야 하는가?' 혹은 '학교장이 추구해야 하는 가치는 무엇인가?' 정도의 의미가 될 수 있겠으나 책 제목에 요구되는 명료성을 높이기 위해 번역 과정에서 『학교를 개선하는 교장: 지속가능한 학교 혁신을 위한 실천 전략』이라는 제목을 붙이게 되었다. 이 과정에서 마이클 풀란의 또 다른 저서 『*What's Worth Fighting For in Your School?*』을 『학교를 개선하는 교사』라는 제목으로 출간한 서울대학교 최의창 교수 및 해당 출판사인 레인보우북스 출판 담당자와 협의과정을 거쳤음을 밝혀 둔다.
- 우리나라와는 다른 미국과 캐나다의 교육제도에 대한 독자들의 이해를 돕기 위해 (그 기능과 역할이 명확하게 일치하는 것은 아니지만) '주 교육부state department of education(state education agencies)'와 지역의 '학교구 단위의 교육행정기관school districts(local educational agencies)'을 각각 '시·도 단위 교육청'과 '시·군·구 단위 교육지원청'으로 번역했다.
- 본문의 가독성을 높이기 위해 서양인의 이름과 책 제목은 가급적 우리말로 발음과 의미를 표기하고, 영어 이름과 원래의 제목을 병기했다(예: 앤디 하그리브스Andy Hargreaves).
- 원저자의 주석은 책의 말미에 '미주(尾註, endnotes)' 형식으로 소개했고, 옮기는 과정에서 설명이 필요한 부분은 본문에 약간의 설명을 덧붙였다.
- 2018년 2월, 2쇄 준비 과정과 2018년 11월, 3쇄 준비 과정에서 본문의 보충 설명에 해당되는 '여기서 잠깐!'의 일부를 추가하거나 보완하고, 본문의 일부 내용을 다듬었다.

차례 ————————————————————

옮긴이 서문

컴퓨터와 인터넷 환경 등 정보통신기술의 발전에 따라 지식이 폭발적으로 증가하면서 지식의 생애 주기는 물론 그것의 양적 증가를 의미하는 지식의 배가시간倍加時間 역시 점점 짧아지고 있다. 이와 함께 인공지능, 사물인터넷, 로봇 기술, 빅 데이터, 3D 프린팅, 생명공학 등을 기반으로 산업이 재편되는 제4차 산업혁명이 우리 곁에 성큼 다가서고 있다. 학교와 교육 역시 이에 걸맞게 진화해야 한다는 데 이의를 제기할 사람은 없을 것이다. 이러한 점은 전국 17개 시·도 교육청에서 자신들이 만들어 가고자 이름 붙인 '새로운 학교'의 명칭에서도 가늠해 볼 수 있다.

학교장은 이 같은 변혁의 시기에 학교를 변화시켜야 한다는 시대적 요구를 등에 업은 채 교육의 중심에 서 있다. 반론을 제기할

전국 17개 시·도 교육청 '새로운 학교(혁신학교)' 추진 현황

	시·도 교육청명	혁신학교 명칭	비고
1	강원도교육청	행복더하기학교	
2	경기도교육청	혁신학교	
3	경상남도교육청	행복학교	
4	경상북도교육청	*	
5	광주광역시교육청	빛고을혁신학교	
6	대구광역시교육청	*	
7	대전광역시교육청	창의인재씨앗학교	
8	부산광역시교육청	부산다행복학교	
9	서울특별시교육청	서울형혁신학교	
10	세종특별자치시교육청	세종혁신학교	
11	울산광역시교육청	서로나눔학교	
12	인천광역시교육청	행복배움학교	
13	전라남도교육청	무지개학교	
14	전라북도교육청	혁신학교	
15	제주특별자치도교육청	다혼디배움학교	
16	충청남도교육청	행복나눔학교	
17	충청북도교육청	행복씨앗학교	

수도 있겠지만, 과거에 비해 학교장의 권한과 역할이 많이 축소되 긴 했다. 심의기구로서의 학교운영위원회 조직·운영에 관한 법제 화, 자문기구로서의 인사위원회의 역할 확대, 학교장에게 요구되 는 포괄적 의미에서의 도덕성, 구성원들의 자발성과 열정을 이끌 어 내고 집단지성의 학교문화 조성을 위해 요구되는 민주적인 학 교 운영 체제의 필요성, 무엇보다도 구성원들의 능동적 참여를 위 한 학교장 스스로의 권한 내려놓기, 그리고 이를 바탕으로 한 분 산적 리더십과 전결규정 확대 등에 의해서 말이다. 그럼에도 불구 하고 학교 개선 문제를 언급할 때마다 학교장에게 주목하는 이유 는 교실 수업과 조직문화 개선, 구성원들에 대한 동기부여 등 새 로운 학교문화를 만들어 가는 과정에서 여전히 학교장의 역할과 지원은 중요한 의미를 지니고 있기 때문이다.

그렇다면 학교문화를 새롭게 만들고 교육을 바꾸기 위해 학교 장은 어떤 노력을 해야 할까? 마이클 풀란의 『학교를 개선하는 교장: 지속가능한 학교 혁신을 위한 실천 전략What's Worth Fighting For in the Principalship?』은 이에 대한 실천적 해결 방안을 제시하고 있다.

저자는 학교장을 어렵게 하는 요인으로 상급기관에 의한 '변 화 주도병initiativitis' 혹은 '반복적 변화 증후군repetitive change syndrome', 학업성취도 향상 등 외부로부터 요구되는 과도한 책무성, 자의에 의한 것이든 상급기관의 요구에 의한 것이든 전략적인 학교 경영을 방해하는 단순관리적 행정 업무의 증가, 교장에게 요구되는 다양한 기대와 역할 때문에 결과적으로 학교 경영 본래의 목적에서 벗어나게 되는 학교장의 역할 변화 등을 꼽았다. 교육(지원)청과 학교장이 함께 극복해 가야 할 사항들이다.

학교장이 해결해야 할 과제 중에서 가장 중요하면서도 가장 어려운 과제는 교실 수업 개선이다. 저자는 교실 수업 개선을 '교육 개혁의 블랙박스'라고 표현했는데, 이는 교실 수업 개선이 학교 개혁의 핵심임과 동시에 교사들의 전문성 함양을 위한 최종적인 지향점임을 강조한 것이다. 그럼에도 불구하고 그동안 제대로 된 개선의 성과를 내지 못했던 것은 이 문제가 오랫동안 교사 개인의 사생활 보호라는 장벽에 가려져 왔기 때문이다. 다행스러운 것은 교실 개방과 수업 공개를 자연스럽게 받아들이는 학교문화가 점차적으로 확산되고 있다는 점이다. 저자는 이에 대해 '수업의 탈사유화de-privatizing teaching'를 제안한다. 이것은 교육 활동의 주된 장소인 교실이라는 공간과 그곳에서 이루어지는 수업을 사적私的인 것으로 간주하지 않고 동료 교원과 학부모를 비롯한 외부 세계에 개방하는 것을 의미한다. 따라서 특정한 날, 특정 시간에만 수업을 공개하는 일반적인 '수업 공개open class'의 범주를 극복해야 한다. 즉, 모든 교사들이 자신의 수업을 자연스럽게 공개하고 다른 교사의 수업 참관을 바람직하게 여기고 일상적으로 받아들이는 학교문화를 만들어 가야 한다. 저자는 이를 위한 방안으로 수업의 탈사유화가 하나의 목표임을 표명하고 강조할 것, 교실 수업의 투명성, 수업에 대한 비판을 하지 않는 비非비판주의, 유익한 지원 등으로 교사 상호 간의 수업에 대한 접근성을 강화해 줄 것, 세세한 사항들에 대한 간섭을 배제한 동료 간 상호작용을 촉진할 것 등을 제안한다.

교실 수업을 개선하고 단위 학교의 교육력을 높이려면 개별 교원들의 역량 혹은 전문성을 강화해야 한다. 이 문제는 교장이나 교감 등 학교의 교육행정가들은 물론 각 시·도 교육청과 산하기관인 교원연수원, 시·군·구 단위 교육지원청 관계자들에게도 늘 고민스러운 화두이다. 교사는 스스로의 노력이나 교육(지원)청에서 주관하는 각종 장단기 연수를 통해서도 성장할 수 있겠지만 동료 교원 간의 상호작용peer interaction을 통해 더 쉽게 그리고 효과적으로 자신의 역량을 키워 나갈 수 있다. 그것이 암묵지暗默知이거나 학교 개선과 관련된 실천적 전문성일 경우에는 더 그렇다. 이를 위해 학교장은 건물의 구조와 동선動線, 업무 배정, 교육과정 운영 등에서 구성원들의 다양한 상호 협력을 북돋울 수 있는 방안을 마련해야 한다.

협력적 학교문화는 구성원 상호 간의 역량을 강화할 수 있다

는 점 이외에도 학교장 등 학교 리더가 학교를 떠나더라도 바람직
한 학교문화를 지속시킬 수 있다는 점에서 그 의미가 크다. 왜냐
하면 학교문화로 정착될 경우, 그것은 강력한 지속성을 지니기 때
문이다. 동료 사이에 서로 배우는 협력적 학교문화를 만드는 과
정에서 가장 필요한 것 중 하나는 '전문가 학습공동체professional
learning communities'이다. 전문가 학습공동체는 '전문가를 위한, 전
문가로서의 학습공동체' 활동이라는 의미와 교육계 안팎에서 지
지와 인정을 받을 수 있는 '진정한 전문가가 되기 위한 학습공동
체' 활동이라는 두 가지 의미를 지닌다고 볼 수 있다. 저자는 전
문가 학습공동체 활동의 효과를 높이기 위한 방법으로 크루제s.
Kruse 등의 연구 결과를 인용하고 있다. 연구 결과에 따르면 성찰
적인 대화하기, 수업을 탈사유화하기, 학생들의 학습에 대해 공동
의 관심 갖기, 공동으로 연구하기, 규범과 가치를 공유하기 등을
실천함으로써 학습공동체의 효과를 높일 수 있다. 또한 전문가
학습공동체를 성공적으로 이끌어 가기 위한 방법으로 학교장이
실천해야 할 세 가지 원칙을 제시했다. 즉, 학교 경영에서 모든 동
력의 초점을 가르침과 배움에 둘 것, 행정적이면서도 관료주의적
인 업무를 다른 사람들에게 위임하고 학교 경영에 집중할 것, 수
업 등 교수 활동과 관련된 업무는 반드시 분배 리더십을 통해 이
행되도록 할 것 등을 제안하고 있다.

또한 저자는 지속적인 학교개혁을 위해 리더 양성의 필요성을 강조한다. 교실 수업을 개선하고 협력적 학교문화를 만들어 가기 위해 혁신부장이나 학년부장, 교과부장 등의 리더를 양성하는 것은 학교장이 우선적으로 관심을 갖고 노력해야 할 사항이다. 그러나 리더 양성 문제는 단순하지가 않다. 특히 5년마다 학교를 옮겨 다녀야 하는 우리나라 공립학교의 상황은 학교 자체적인 계약을 통해 교원 인사를 시행하는 미국 등과는 많은 차이가 있다. 우리나라 인사제도人事制度는 지속가능한 학교문화 유지 측면에서 절대적으로 불리한 조건이다. 짧게는 1~2년에서 길게는 3~4년에 걸쳐 길러 낸 리더가 '5년 단위 순환전보제' 원칙 때문에 해당 학교를 떠나야 한다면 학교 경영자 입장에서는 좌절감을 느낄 수도 있다. 하지만 이 문제는 좀 더 거시적 관점에서 생각해 봐야 한다. 각 학교에서 양성된 리더들이 '전보 유예'라는 제도에 스스로를 얽어매지 않고 이웃 학교로 자연스럽게 흩어진다면 결과적으로 관내의 다른 학교와 동반 성장의 계기를 마련할 수도 있기 때문이다. 그러므로 각 학교는 교육(지원)청 등에서 주관하는 연수나 자체적인 방법을 통해 꾸준하게 혁신 리더를 양성해야 한다. 각 학교가 미국 프로야구에서 활용되고 있는 일종의 '팜 시스템 farm system'의 역할을 한다면 리더 유출 문제는 더 이상 문제가 되지 않을 것이다.

그리고 이 모든 것들이 학교장이나 교사 리더 등 핵심 구성원의 학교 이동에 따라 사라지지 않고 지속적으로 특정 학교에 남아 있게 하는 방책이 필요하다. 이를 위해 학교의 영원한 유산인 학교문화를 만들어야 한다. 단위 학교의 유산으로 남을 수 있는 학교문화는 학교장 본인의 개인적 발전은 물론 학교 혁신과 교육 시스템의 지속가능성을 높일 수 있는 학교개혁의 핵심 영역이다. 그렇다면 유산은 어떻게 남겨야 하는 걸까? 저자는 구성원들을 선도하여 다양한 유형의 리더를 키우고, 서로 배우는 협력적인 학교문화를 만들고, 다른 학교나 시스템과 연계하는 방식으로 학교문화를 만들어야 함을 강조한다.

마지막으로 저자는 학교를 개선하기 위해 학교장과 교육(지원)청이 실천해야 할 지침을 제안하고 있다. 학교장에게는 수업의 탈사유화, 구성원들의 역량 강화, 리더의 육성, 학교장 본연의 업무에 집중, 시스템 리더가 될 것 등을 제안한다. 학교장의 교육 개선 활동을 보완하거나 북돋울 수 있도록 교육청 리더들에게는 학교장의 교수 리더십 향상과 이에 대한 투자, 방향성과 유연성의 동시적 추구, 데이터 활용 방안의 효율화, 동료 교장들을 활용한 관내 학교문화 개선, 행정적 요구 사항에 대한 선제적인 대처, 어려움이 있더라도 지속적인 정책 추진 등의 내용을 제안한다.

마이클 풀란이 쓴 이 책을 번역하게 된 직접적인 동기는 책의 제목에서 느껴지는 궁금증과 기대감 때문이었다. 학교장으로서 무엇을 위해 노력해야 하는가What's Worth Fighting For in the Principalship?라는 질문은 학교문화 개선을 고민하던 역자譯者에게 매우 흥미로운 주제였다. 게다가 그리 많지 않은 책의 분량은 역자들로 하여금 번역에 대한 근거 없는 자신감을 갖게 해 주었다. 그러나 우리와 다른 문화권에서 각기 다른 사회적, 교육적 배경을 바탕으로 쓰인 책을 우리말로 옮긴다는 것은 녹록지 않은 일이었다. 두 사람이 번역을 하다 보니 각자가 번역한 내용을 주고받으면서 용어와 표현 방법을 통일하고 일관성 있게 문장을 다듬는 일도 쉽지 않았다. 무엇보다도 직유나 은유적 표현에 문화적, 시대적, 언어적 차이가 겹쳐 있을 때, 이 부분을 어떻게 옮겨야 할지에 대해 고민이 많았고, 의역과 직역 사이를 오가는 문제 역시 만만치 않았다. 그 경계선에서 하릴없이 시간을 흘려보내야 할 때가 많았다. 어떨 땐 한 문장을 두고 몇 시간 혹은 며칠 밤을 보내기도 했다. 저자 개인 특유의 은유적 표현이 사용된 몇 문장에 대해서는 마이클 풀란Michael Fullan과 이메일email을 주고받으면서 해결하기도 했다.

특별한 경우를 제외하고는 좀 더 정확한 의미 전달을 위해 내용을 풀어서 쓰거나 원서의 의미를 훼손하지 않는 범위에서 의역을 하는 쪽으로 가닥을 잡았다. 이러한 과정에서 역자가 아무

리 담백하고 투명한 번역을 시도한다 하더라도 그 작업은 결과적
으로 '제2의 창작'이 될 수도 있겠다는 생각을 하게 되었다. 많지
않은 분량임에도 불구하고 번역을 시작한 지 1년여 만에, 벌거벗
고 거리를 나서는 부끄러운 심정으로 번역본을 내놓게 되었다. 대
한민국 교육 현실에 큰 관심을 갖고 본서의 출간에 흔쾌히 응해
주신 도서출판 살림터 정광일 대표님께 감사드린다. 끝으로 학교
를 개선하기 위해 일선 교육 현장에서 노력하는 교장·교감선생님
들과 학교 혁신을 위해 끊임없이 고민하는 교육(지원)청의 관계자
들, 그리고 학교장의 역할과 학교 교육 개선에 관심을 둔 연구자
들에게 이 책이 조금이라도 도움이 되었으면 하는 바람이다.

2017년 4월

천마산 자락에서 옮긴이 씀

한국어판 저자 서문

『학교를 개선하는 교장』을 읽는 한국의 교육 관계자들에게 진심으로 감사의 마음을 전합니다. 이 책은 학교와 교육 시스템이 더욱더 효과적으로 작동되도록 하는 데 중요한 비중을 차지하는 학교장의 역할을 어떻게 개선할 것인가를 다루고 있습니다.

몇 해 전 경기도교육청 소속 교육 관계자들이 이곳 토론토의 몇몇 학교들을 방문했는데 그들과의 만남은 저에게 아주 흐뭇한 기억으로 남아 있습니다. 제가 알기에, 경기도교육청은 2009년도부터 혁신학교를 운영하고 있습니다. 그 이후 대한민국 대부분의 시·도 교육청이 학교 개선에 지대한 관심을 갖고 노력하고 있습니다.

학교장을 비롯한 학교의 교육 리더는 물론 각 시·군·구 단위 교육지원청의 교육장들은 학생들의 학습과 학업성취도를 향상시키는 과정에서 매우 중요한 역할을 수행합니다. 대한민국의 교육 관계자들이 교육 시스템을 개선해 가는 중요한 시기에 이 책을 통해 학교장의 역할 수행과 관련된 흥미로우면서도 유익한 정보를 얻을 수 있기를 바랍니다. 감사합니다.

2017년 1월

마이클 풀란

개정판 저자 서문

*여기서 잠깐!
개정판이 출판된 해가 2008년이므로 출판을 부탁 받은 시기는 이로부터 30년 전인 1970년대 후반이다. 초판이 출판된 해가 1988년이므로 교원노조로부터 부탁을 받은 지 거의 10여 년 만에 이 책의 초판을 출간하게 되었고, 초판 출판 후 20년 만에 개정판을 낸 것이다. 이후 사용되는 '벌써 10년', '지금', '이제 겨우 5년', '최근' 등의 시기와 특정 기간을 의미하는 기준점은 개정판의 출간 시점인 2008년임을 밝혀 둔다.

이 책은 1988년에 출판됐던 『학교를 개선하는 교장*What's Worth Fighting For in the Principalship?*』을 새롭게 다시 쓴 개정판이다. 30년 전,* 온타리오의 한 교원노동조합 임원이 찾아와서 "우리 교장들에게 도움이 될 만한 책을 써 주길 바란다"는 부탁을 했었다. 물론 그 당시 캐나다에서는 교장들도 교원노동조합에 속해 있었다. 집필을 부탁했던 그 임원의 하소연에 따르면, 교장들의 직무 환경이 갈수록 나빠지고 요구 사항은 더 많아지는 데다, 일처리는 점점 더 힘들어지고 보람을 느끼기도 어려워지면서 교장들의 불평과 불만이 쌓여 간다는 것이었다.

  그는 교원노조 측에서 집필 주제와 세 가지의 집필 기준을 제시해 주겠다고 했다. 그 주제가 바로 '학교장으로서 무엇을 위해 노력해야 하는가?*What's Worth Fighting For in the Principalship?*'였다. 그리고 세 가지 집필 기준은 깊이 있는 통찰력을 갖추어 쓸 것, 내용 구성면에서 실제적인 활동을 안내하는 조언들을 많이 포함할 것, 무엇보다도 간결하게 쓸 것 등이었다. 학술적이면서도 도전적인 요구 사항이었다. 운이 좋다면 이 같은 요구 사항 중에서 두 가지 정도를 만족시킬 수는 있을 것이다. 그러나 세 가지 사항을 모두 충족시켜야 하는 가혹한 집필 조건은 새로운 사고방식과 집필 태도를 요구했고, 그것은 오늘날까지 이어져 오고 있다.

  『학교를 개선하는 교장*What's Worth Fighting For in the Principalship?*』의 초판은 1988년에 출판되었고, 앤디 하그리브스Andy Hargreaves와 공동으로 집필한 『학교가 추구해야 하는 진정한 가치는 무엇인가?*What's Worth Fighting For in Your School?*』*는 1991년에 출판되었다. 그리고 『(학교의 교육력 제고를 위해) 학교 밖에서 추구해야 하는 진정한 가치는 무엇인가?*What's Worth Fighting For Out There?*』는 1998년에 출판되었다. 벌써 10년이 지났으니 『학교를 개선하는 교장』을 비롯한 삼부

*여기서 잠깐!
  마이클 풀란의 이 책은 서울대학교 최의창 교수에 의해 『학교를 개선하는 교사』라는 제목으로 출간되었다. 최의창 옮김, 『학교를 개선하는 교사』(레인보우북스, 2006).

작三部作을 다시 써야 할 때가 된 것이다.

지난 10년간 많은 것들이 급격하게 변화했다. '무엇을 위해 노력해야 하는가What's Worth Fighting For?' 삼부작 시리즈는 교육의 발전을 방해하는 장애물들이 서로 얽혀 있는 교육적 상황에 대해 끊임없이 조치를 취하면서, 교육 시스템이 잘 작동될 수 있게 하는 강력한 지렛대를 만들려는 취지로 집필한 것이다. 복잡하긴 하지만 교육 시스템은 서로 밀접하게 연관되어 있다. 따라서 처음에는 비록 미약하더라도 서로 연관된 강력한 노력들이 결과적으로 다음에 이어질 단기간의 새로운 돌파구가 될 수 있다고 본다. 개개인의 열정과 기발한 독창성은, 사람들이 (발생 직전의) 어떤 큰 것을 얻기 위해 노력할 때만 생겨날 수 있다. 즉, 우리가 이들 삼부작에서 제안하는 실천 지침에 근거하여 추진될 때에만 얻을 수 있는 것이다.

교육 분야에서 지금의 이 시기는 아슬아슬하면서도 어렵고, 논란을 불러일으키는 시기이다. 교장은 바로 이 모든 어려움의 한가운데에 서 있다. 『학교를 개선하는 교장』의 초판에서 논란이 되었던 것은, 새로운 과업에 대한 지속적인 공격과 반복적인 방해로 인해 교육 시스템이 결과적으로 '의존성'을 키운다는 것이었다. 나는 교장이라는 직위의 어려움에 대해 동정이 아닌 이해를 했다. 그래서 그러한 교육 시스템이 저절로 발전하기를 기다리는 것은 아무런 의미가 없다고 주장해 왔고, 교육 시스템의 존재 이유가 희미해져 갈 때 교장들 스스로가 책임지고 그 일을 떠맡을 것을 권했다.

그런 조언이 아직까지는 효과적이지만, 상황은 예전보다 훨씬 더 복잡해졌다. 이와 관련하여 좋은 소식과 나쁜 소식이 있다. 좋은 소식은 결국 정치인들과 정책 입안자들이 학교장의 직무를 학생 교육 문제를 푸는 관건으로, 특히 그중에서도 모든 학생들의 수준을 끌어올리고 학업성취도의 격차를 줄이는 중요한 열쇠로 바라보게 되었다는 것이다. 그리고 나쁜 소식은 이들 정책 입안자들이 학교장들에게 과도한 기대를 하고 있으며, 그 기대로 인해 학교장들은 문제 해결에 깊이 있는 노력을 기울이는 데 방해를 받고 있다는 것이다. 동시에 아이러니하게도 학교장들이 학교 개혁을 성공으로 이끄는 결정적인 주체로 인정받으면서도 과부하가 걸릴 정도의 과중한 업무와 교장 지위의 하락으로 인해 역할 자체가 약화되고 있다.

이 책에서 나는 지금과 같은 딜레마로부터 벗어날 방법을 찾아 제시할 것이다. 나는 현직 교장과 교장 지원자志願者들이 학교개혁을 위해 지렛대 같은 역할을 하도록 돕는 데 관심이 있다. 그들의 지렛대 역할은 크고 작은 방법으로 학교 시스템을 긍정적으로 변화시킬 것이다. 또한 이러한 '학교 시스템'이 얼마나 잘 이해되고 작동될 수 있는지, 말하자면 시스템 자체가 그 임무를 제대로 수행하는지에 대해서도 관심을 가질 것이다.

이와 같은 개혁을 일으키려면 교장과 시스템 양쪽 모두가 공동의 책임감을 가져야 하는데, 그것은 변화를 위한 중추적인 위치에 서게 되었지만 아직까지도 개혁을 위한 집단으로 평가받지 못하고 있는 21세기 학교장들의 잠재력을 일깨워야 할 책임감이다. 내가 '잠재적potentially'이라고 말하는 것은 교장의 영향력이 현재 '바이스로 죄는 것과 같은 좌절된 무력감'에 발목이 잡혀 있는 데다, 바로 그 시점에 사회의 도덕적 핵심이 위기에 처해 있기 때문이다.

제1장의 제목은 '교장을 어렵게 하는 요인들The vise principal'이다. 여기서는 교장이라는 직위에 어떤 방식으로 족쇄가 채워져 있는지를 알아보고, 동시에 교장은 학교 변화를 이끌어 낼 당사자로 기대를 받고 있음을 보여 줄 것이다. 나는 교장들에게 학교의 변혁을 위해 이 시대의 독자적인 구세주 역할을 수행할 수 있도록 자율권을 부여하는 것이 해결책은 아님을 보여 줄 것이다. '서로 의지하기interdependence'가 중요한 포인트다. 상호의존적인 해결 방안과 관련된 중요한 주제들에 대해서는 2장에서 5장에 걸쳐 다룰 것이다.

제2장은 다음 세대 교장들을 위한 '유산遺産, 즉 학교문화 만들어 가기'에 관한 것이다. 여기서 교장은 매일매일 단기적인 진전

을 이끌어 내야 한다는 점을 제시했다. 제3장에서는 정보가 넘쳐 나는 시대에 교장들에게 필요한 것은 '지혜롭게 이끌어 가기'라는 점을 다루었다. 제4장에서는 교장들이 학교 안팎에서 학부모, 지역사회, 교육자들과 함께 학습공동체를 조직하고 이를 교육에 활용하며, 나아가 '학습공동체 선도하기'를 위해 노력해야 한다는 점을 다루었다. 제5장에서는 교장들이 좀 더 효과적인 방법으로 '교육 시스템의 변화를 유도해 가는 것'을 도와야 할 위치해 있다는 점을 다루었다. 교장과 교육청 등 교육 시스템을 위한 여러 가지 조치들의 함축적인 의미는 일련의 지침들로 정선하여 제6장에 제시했다.

이 책은 항상 실천에 중점을 두었다. 그럼에도 불구하고 개정판이 특별한 것은, 내가 이 책에서 다루는 모든 내용들이 이름을 밝힌 실제 사례라는 점이다. 실제와 동떨어진 것이나 추상적인 것, 접근하기 어려운 발상들은 모두 제외시켰다. 이 책에 제시한 모든 내용은 실천을 바탕으로 한 것이다.

우리 교장들은 지금 통찰력을 갖고 행동해야 할 위치에 있다. 실천을 통해 배운다는 것learning by doing은 실행 그 자체만큼이나 본질적인 것이다. 교장은 변화의 중심에 서서 사람들의 감정을 바람직한 방향으로 불러일으킬 수 있도록 노력해야 한다. 그 어느 직위도 교장보다 더 엄청난 변화를 일으킬 수 있는 동인動因들에 둘러싸여 있지는 않을 것이다. 계속 반복되는 내용이겠지만, 포괄적인 범위에서 변화를 위한 조건과 문화, 사명감을 이끌어 내고 이러한 것들이 지속적인 교육 개선에 영향을 미칠 수 있도록 노력하는 것만이 교장의 임무를 다하는 길이다.

이 기회를 통해 특별히 앤디 하그리브스에게 고마운 마음을 전하고 싶다. 그는 이 책에 대한 통찰력 있는 피드백을 제공해 주었으며, 삼부작 시리즈의 두 번째와 세 번째 책의 공동 집필자가 되어 주었다. 앤디는 공동 집필자 겸 나의 친구로서, 건설적이며 비판적이며 정말 관대한 사람이다. 또한 항상 예리한 관점에서 토론하며 우리가 행하는 모든 것들에 대한 통찰력을 더 분명하게 해 준다. 그리고 근사하게 편집을 해 준 교원대학출판사와 온타리오 교장연합회 회원들께 감사드리고, 지난 수년간 아낌없는 지원을 해 주신 교원대학출판사의 캐럴 솔츠Carole Saltz에게 특별히 고마움을 전하고 싶다. 또 짧은 시간에 양질의 출판용 원고를 만들어 낸, 린다 메이슨Lynda Mason에게도 감사를 전하고 싶다. 또 우리가 추진해 온 모든 프로젝트에 커다란 기여를 해 주신 클라우디아 커트레스Claudia Cuttress에게도 깊은 감사를 드린다. 끝으로 각자 맡은 위치에서 학교의 리더십, 즉 최고의 수준이 요구되는 도덕적인 공헌을 높이기 위해 고군분투하고 있을 모든 교장선생님들께 진심으로 고마움을 전한다.

제1장

학교장을
어렵게 하는
요인은
무엇인가?

제1장
학교장을 어렵게 하는 요인은 무엇인가?

구분	변화의 요인들	대응 방안
문제 요인	1. 변화 주도병主導病	교장의 역할을 재정립하여 학교와 학교 시스템을 변화시켜라
	2. 외부적 통제가 안고 있는 취약점	외부 통제로부터 벗어나 내면에서의 책임감을 강화하라
	3. 관리적 행정으로의 잘못된 방향 전환	교장 본연의 업무에 충실하라
	4. 역할 기대에 맞지 않는 학교 경영	목적에 맞게 학교를 경영하라
복합 요인	5. 잠재력을 갖춘 전략	
	6. 교장의 채용과 승계	
	7. 클러스터, 네트워크, 파트너십	
	8. 국제적인 성취기준	

　교장들에게 어떤 새로운 변화가 있었을까? 교육 분야에서의 강력한 변화의 요인들로 인해 교장의 직무 수행이 훨씬 더 힘들어지면서 교장으로서의 삶도 더욱 어려워지게 되었다. 하지만 그것은 또한 미약하게나마 교장들에게 새로이 상호의존적인 요소들을 깨닫게 해 주었다. 여기에는 서로 연관된 여덟 개의 커다란 변화의 요인들이 있는데, 이들은 여전히 교육 현장에서 작동 중이다. 그 가운데 앞의 네 가지는 문제점에 해당되는 것들이고, 뒤의 네 가지는 불리한 요인들에 대단한 잠재력을 지닌 요인들이 복합된 것들이다.

1. 다루기 어려운 변화의 요인들

가. 변화 주도병

'변화 주도병主導病, initiativitis'은 그 누구도 도저히 다룰 수 없을 것 같은, 파편화된 혁신disconnected innovations의 흐름을 지속적으로 이어 가고자 하는 경향성이다. 이것을 에이브러햄슨Abrahamson 은 자신의 저서 『고통 없는 변화Change Without Pain』(2004)에서 '반복적 변화 증후군repetitive change syndrome'이라 명명했다. "이 증후군은 진취성의 과부하, 변화와 관련된 혼돈, 광범위하게 확산된 직원들의 불안감과 냉소주의, 피로도 등으로 요약된다."[1]

미국 월리스재단Wallace Foundation에서 진행 중인 '학습을 위한 리더십'이라는 프로젝트에서도 같은 현상이 포착된다. 이 프로젝

트는 리더십 정책과 실행 면의 일관성 부족이라는 다소의 문제점
을 안고 있긴 하지만, 그 가운데서 의미 있는 일부 내용을 요약하
면 다음과 같다.

"학교 리더십 시스템이 파편화되어 서로 연계되어 있지 않
을 때 나타나는 가장 흔한 결과는 다음과 같다. 즉, 시·도 단위
교육청*-시·군·구 단위 교육지원청-학교로 이어지는 정책과 실
제가 일치하지 않거나 심지어 이상하기까지 하다는 것, 실제로

*여기서 잠깐!

미국과 캐나다의 교육행정제도는 우리나라와 다른 점이 많다. 먼저 캐나다의 경
우에는 연방정부에 별도의 교육부가 존재하지 않는다. 그러므로 주州 단위 교육부
와 지역의 교육지원청과 교육위원회, 학교의 구조로 되어 있다. 연방정부는 각 주
교육부에 교육 사업비의 일부를 보조하는 등 교육재정을 통해 간접적으로 영향력
을 행사하고 있다. 따라서 특별히 조건을 명시하지 않고 '정부'라고 했을 때는 주
정부state government를 가리키는 것으로, 주 정부 산하의 교육부는 우리나라의 시·
도 단위 교육청과 유사한 교육행정기관으로 볼 수 있다. 지역의 학교구school district
에 설치된 교육행정기관은 우리나라의 시·군·구 단위 교육지원청과 유사하다. 각
주의 교육제도의 골격은 각 주의 교육법에 규정하고 있다.

미국의 경우에는 연방정부의 교육부United States Department of Education, 주 정부 산
하의 주교육위원회와 주 교육청, 지방정부의 지방교육위원회와 교육지원청으로 구
성되어 있어서 우리나라와 비슷한 것 같지만 연방정부가 전국적인 통일을 꾀하는
중앙교육행정기관의 성격보다는, 교육재정 및 연구에 관한 지원기관으로서의 성격
이 더 강하다는 점에서 우리나라와는 차이가 있다. 특히 주 정부가 교육에 대한 권
한과 책임을 일차적으로 지고 있기는 하지만, 입법권을 제외한 교육행정 업무는 지
역의 교육지원청에 많이 위임하고 있는 것이 특색이다.

지방분권 성향이 강한 영국의 경우에는 중앙의 교육고용부Department of Education
and Employment, 지방의 교육위원회와 교육청, 단위 학교의 구조로 이어져 있으며,
특히 학교에 자율권이 많이 부여되어 있다(백종억, 『주요국의 교육행정제도와 교육개혁
동향』, 교육과학사, 2002, pp. 74~75, 316~319, 338~339 참조).

는 그런 사람을 쉽게 찾을 수 없어서 현실 세계에 거의 존재하지 않는 슈퍼맨 유형의 리더를 지속적으로 찾는다는 것……. 그리고 효과적인 성공 사례들이 좀처럼 기록되거나 공유되지 않는 풍토, 진보가 파급되지 못하고 개별 교사나 개별 학급 혹은 개별 학교에 한정되어 있다는 점, 그리고 슈퍼맨 유형의 리더가 떠난 이후에도 학교가 살아남을 수 있게 하는 성공적인 요소들이 제도화되지 않는다는 점이다."[2]

국가 차원에서 실시한 월리스재단의 연구 보고서에 의하면, 업무를 처리하기 위해 "54%의 교육장과 48%의 교장들이 교육 시스템의 요구에 맞춰 직무를 수행할 필요가 있다"고 믿고 있지만, 단지 30% 이하만이 '그 시스템'이 자신들 편에 있다고 믿는다는 것이다.[3]

영국의 프라이스워터하우스쿠퍼스 PriceWaterhouseCoopers(이하 'PWC'로 약칭)*에서 실시한 학교 리더십에 관한 주요 연구에서도 같은 문제점을 지적했다. "'변화 주도병'이라는 단어는 우리와 대화를 나눴던 리더들이 종종 사용했다. 그들은 자신들이 다뤄야 했던 정책 발의發議의 숫자에서 느꼈던 좌절감, 각종

*여기서 잠깐!
영국 런던에 본사를 둔 다국적 회계 컨설팅 기업으로, 1998년 프라이스워터하우스PriceWaterhouse와 쿠퍼스 앤드 라이브랜드 Coopers & Lybrand가 전 세계적으로 대대적인 합병을 하면서 출범했다. PWC는 딜로이트Deloitte, 언스트 앤드 영Ernst & Young, KPMG 인터내셔널KPMG International 등과 함께 세계 4대 회계 컨설팅 기업에 속한다.

정책 사이에 존재하는 명백한 일관성 결여 그리고 이러한 정책을 추진하는 과정에서 인적, 물적 자원의 결핍 등을 표현하는 방식으로 '변화 주도병'이라는 단어를 사용했다."[4] 여기서 PWC가 '변화 주도병'에 대해 "그것은 우리에게는 마치 공공 부문이나 민간 부문 그 어느 조직에서도 지켜질 수 없고 반겨질 수도 없는 안정성과 일관성에 대한 기대를 반영한 것처럼 보였다"고 말하며 그러한 상황에 조금이나마 동조를 했다는 점에 주목하는 것은 흥미로운 일이다. 여기에 어느 정도의 진실이 깔려 있기는 하다. 그러나 강요되고 파편화된 혁신과 마찬가지로, 어떤 영역에서도 외부로부터 부여된 책무성 요구에 대해 집중적인 비판이 가해진 적은 없었다. 더 자세한 사항은 다음 주제('나. 외부적 통제가 안고 있는 취약점')를 참고하면 된다. 어떠한 경우에도 이러한 문제들을 해결하기 위해서는 개개인과 시스템의 보완을 통한 조화가 필요하다.

영국의 헤드스페이스Headspace에서 시행한 설문조사 결과에 따르면, 80% 이상의 초·중·고등학교 교장들이 5년 이상 '시·도 교육청(혹은 교육부) 계획 실행하기'와 '관료주의 상대하기'에 관한 일들을 해야 했다고 응답했다. 그리고 응답자 중 3분의 2 이상이 '학교 예산에 대한 경영 관리' 업무가 증가했다고 응답했다.[6]

학교장들의 역할이 더 복잡해졌다는 것과 그 역할을 수행하는 과정에서 일부는 현재의 상황으로는 여러 가지 면에서 '실행할 수 없는' 일이라는 것에는 의심의 여지가 없다. 앞으로도 계속 나오겠지만 이러한 현상에 대한 나의 해결책은, 교장직의 안정을 위해 노력할 것이 아니라, 교장의 역할을 재정비하여 일선 학교장들이 학교와 교육 시스템을 개혁하는 데 힘을 쓰도록 하는 것이다.

나. 외부적 통제가 안고 있는 취약점

'변화 주도병'을 불러일으키는 장본인 중 하나는 외부로부터 도입되고, 잘못 구상된, 지나치게 강제적인 책무성 제도이다. 앞에서 강조했듯이 공공 부문에서의 책무성 부과라는 민감한 아이디어는 방향 설정이 잘못된 것이다. 시스템이 크면 클수록 문제가 생겼을 때 지역의 상황과 구성원들의 자발성에 대한 고려 없이 최대한 빨리 문제를 해결하려는 경향을 보인다.

내 동료인 리처드 엘모어Richard Elmore(2004)는 외부적으로 주어지는 그 어떠한 책무성도 '개인의 내면에서 학교로 연결되는' 책임감이 없이는 성공을 거둘 수 없다는 사실을 몇 가지 사례를 통해 입증해 냈다. 성공을 위해서는 책무성의 양쪽 측면이 모두 요구된다. 즉, 개인의 내면에서의 책임감이 외부에서 부과되는 책무성 시스템과 밀접하게 맞물려 돌아갈 수 있도록 역량을 증진시켜야 한다. 다시 말해서 책임감의 가치와 실천력 그리고 그것의 효능감을 내면화시켜야 한다. 그렇지 않으면 책무성 증진을 위한 외부의 개입 자체가 형식적인 이행으로 끝날 수 있으며, 그것은 일시적으로는 학업 성취도를 향상시킬 수는 있으나 중·장기적으로 봤을 때 실제적으로는 학교에 해를 끼치는 관례를 남길 수 있다.

사실상 모든 교육지원청에서 '책무성에 기반을 둔 학교개혁 accountability-based turnaround schools'을 요구하고 있다. 이것은 오히려 성공과 반비례 관계에 있는 외부적인 간섭을 요구하는 셈이 된다. 이처럼 현실과 동떨어진 단기적인 방안을 사용하면 성과가 낮은 학교로 갈수록 더 안 좋은 결과를 초래하게 된다. 일례로 미국의 경우를 들 수 있다. 연방정부가 입안하여 추진되고 있는 '아동 낙오 방지법No Child Left Behind Act(NCLB)'*에서 요구하

---

*여기서 잠깐!

'아동 낙오 방지법No Child Left Behind Act'은 2002년 미국의 조지 워커 부시George W. Bush 대통령이 서명하여 발효된 광범위한 공립학교 개혁 법안이다. NCLB의 정확한 명칭은 '2002년 개정 초·중등교육법'이지만 별칭으로 더 널리 알려져 있다. '어떤 아이도 뒤처져 있게 하지 않겠다'는 미국의 강한 교육 의지가 반영된 법으로서, 크게 4가지 기본 원칙으로 설명된다.

첫째, 결과에 따른 책임규명 강화Stronger accountability for results로, 각 과목별로 학생들이 도달해야 할 기준Adequate Yearly Progress(AYP)을 정하고 그 기준에 도달했는지를 평가하기 위해 매해 시험을 본다.

둘째, 유연성과 지역 통제의 강화Increased flexibility and local control로, 학생들의 교육을 위해 연방정부는 각 주에 지원금을 지원한다. 각 주는 지원금 사용에 관해 재

는 책무성의 요소야말로, 여러 주州에서 추진되고 있는 새로울 것이 없는 정책들과 마찬가지로, 초점이 어긋난 책무성을 부과 하는 데서 빚어진 실패작에 해당된다. 여기에서의 개선 정책들 은 주로 외부적인 통제에 크게 의존하고 있다. 즉 새로운 교장 의 영입, 필수적으로 요구되는 다량의 보고문서들, 외부에서 투 입되는 컨설턴트에 의한 컨설팅 등이 그것이다.

민스럽Minthrop(2004)은 지나친 책무성이 유발하는 비뚤어진 현상에 주목했다. 즉, 오로지 외부적 책무성에 의존했을 때 성공 이 갖는 의미는, 작은 것을 얻어내려다 오히려 큰 것을 잃어버리 는 '소탐대실형小貪大失型 성공'이 될 수 있다는 이유에서였다. 그의

량권을 부여받지만, 학생들의 성적 향상을 위한 프로그램에 집중 투자해야 한다.
셋째, 유효성이 검증된 교육 방법에 대한 강조Emphasis on teaching methods that have been proven to work로, 연방정부는 효과가 검증된 교육 방법에 집중 투자를 한다. 일 례로 아이들에게 읽기를 일찍부터 가르치기 위한 '조기 읽기교육Early Reading' 프로 그램에 연방정부는 집중 투자를 한다.
넷째, 학부모 선택권의 확장Expanded options for parents으로, 학부모는 연방정부의 재정을 지원받고 있는 학교가 AYP에 2년간 연속 목표에 미달하는 경우, 언제든 아 이를 더 좋은 학업성취를 보이는 차터스쿨로 전학시킬 수 있다.
NCLB 개혁이 추진된 지도 10년이 넘었다. 연방정부가 강력한 의지를 가지고 추 진한 이 개혁은 초기부터 저항과 긴장이 없었던 것은 아니지만, 공식적으로 보고 되는 학생들의 학업성취도는 향상되었다. 국가교육수준평가National Assessment of Educational Progress 결과에 따르면, 1999년과 2004년 사이에 9세 학생들의 읽기 성 적은 이전 28년 동안 누적된 성과보다 더 큰 성과를 나타냈고, 4~8학년 수학 점 수는 최고치를 경신했다. 뿐만 아니라 9세 학생들의 읽기와 수학 과목 성적에서 아 프리카 미국인 및 히스패닉 9세 학생과 백인 학생 사이의 격차는 역사상 가장 낮 은 수준으로 좁혀졌다(김재웅,『미국 공교육의 역사 새로 보기』, 교육과학사, 2013, pp. 357~367 참조).

주장에 따르면, 초기부터 외부적인 통제에 집중하는 것은 중대한 결함을 줄이고 나쁜 상황으로 빠지는 것을 막을 수는 있지만, 어디까지나 그것은 일시적이라는 점이다. '낮은 성과'에서 비롯되는 시련과 불명예로 인한 압박은 대부분의 교사들을 두려움에 떨게 하고, 좋은 평가를 받는 선생님들은 그저 더 좋은 조건을 위해서만 뛰게 할 뿐이다. 그렇게 꼬리표가 붙은 학교의 교사들은 그런 상황에 따르거나 적당히 알아서 처신하게 된다. 하지만 교사들이 그러한 상황을 따르는 것은 표면적이며 일시적이다. 응보적인 정책의 한계는 교사들에게 지속적으로 높은 성과를 만들어 가려는 의지를 심어 주지는 못한다는 점이다. 민스럽에 따르면 한쪽으로 치우쳐서 불안을 양산하는 외부적인 압력은 때때로 '탈출구'를 통해 벗어날 수 있는데, "특히 그 탈출의 선택권은 더 재능 있는 교사들에게 풍부하게 제공된다."[7] 그러나 엄밀히 말해 정반대의 경우도 실현되어야 한다. 즉, 재능 있는 최고의 교사들이 최악의 문제 상황에서도 일할 수 있도록 권장되어야 한다.[8]

다. 단순·관리적 행정으로의 잘못된 방향 전환

학교장의 역할과 관련해 내 생각은, 학교장이 모든 일을 도맡아

할 것이 아니라, 강력한 학교 경영에 집중했으면 한다. 예산, 시설 설비, 교원 인사, 불만성 민원 해결을 포함한 공적인 관계 형성 등 학교 경영자들에게 요구되는 사항이 갈수록 증가하고 있다. 교장의 역할을 언급할 때는 학교개혁을 주도해 주리라는 기대감과 함께 이 모든 것들을 포함하게 되는데, 이것들이 바이스로 조이는 듯한 숨 막히는 상태에서 작동된다는 데 문제가 있다. 물론 이러한 문제는 교육 시스템에서 비롯되었지만, 일부 독특한 교장들은 오히려 이것을 지원하거나 부추기고 있다.

학교장이 수행해야 하는 여러 가지 업무와 역할 중에서 교장 본연의 경영 활동에서 벗어났다고 볼 수도 있는 업무들이 일부 독특한 교장들에 의해 어떻게 이루어지고 있는지 살펴보자. PWC(2007)는 학교장이 학교에서 담당해야 하는 행정적 측면의 업무를 '단순·관리적 행정 활동operations'이라 명명했다. PWC에서 제시한 연구 결과에 의하면, 많은 학교장들이 지나치게 단순·관리적 행정 활동에 얽매여 있거나 상부 기관의 교육정책이나 지침을 단순하게 전달하는 일에 치우쳐 있었다. 그리고 그것은 교장들로 하여금 '좀 더 전략적인 책무성을 발휘하게 하는 데 부정적 요인으로 작용'해 왔다.

많은 교장들이 '직접 변기를 뚫거나, 식기세척기를 돌리거나, 학교 수업 전후로 학생들을 직접 관리하고 있다'는 얘기는 수도 없이 들어 봤을 것이다. 이전에도 언급했듯이 지난 5년간 행정적, 전략적 측면에서 학교장에게 부과되는 역할은 과부하가 걸릴 정도로 급격하게 증가했다. 하지만 이 문제는 "효율적인 학교 경영을 위한 전략적인 역할 수행보다는 단순·관리적 행정 활동 수행을 더 편안하게 생각하는 일부 교장들의 사고방식"[9] 때문에 더욱 악화되고 있다. 다시 말해서, 어떤 교장들은 단순한 서류작업을 더 선호하고, 보다 더 중요한 전략적인 학교 경영 활동은 제쳐 둔다는 것이다. 문제는 설령 교장들에게 시간적 여유가 생기더라도 그런 전략적 활동은 하지 않는다는 점이다.

이 책의 후반부에서 다시 언급하겠지만, 정부는 교장의 역할을 도울 '실무 관리자 혹은 학교 경영 매니저'를 고용하거나 교감assistant principals을 통해 이러한 역할을 지원할 수 있도록 별도의 인적, 물적 자원을 배정해야 한다. 학교장들은 그들을 어떻게 활용할 것인지를 알고 있어야 한다. 그런데 어떤 교장들은 효과적인 학교 경영을 위해 그들을 어떻게 활용할 것인지를 고민하지 않는다. 이러한 점 때문에 우리는 다음 문제점인 '목적으로부터의 이탈'에 대해 알아보고자 한다.

라. 역할 기대에 맞지 않는 학교 경영

'직업에 대한 역할 기대'라는 관점에서 봤을 때, 학교장의 역할에 대한 기대는 지난 3~5년간 정말 극적으로 변화했다. 켄 리스우드Ken Leithwood와 그의 동료들은 2004년에 실시한 연구에서 학교장 직무의 기본 개념을 "전략적인 방향 설정, 구성원에 대한 이해 및 역량 개발, 조직 재구조화, 교수학습 프로그램 관리" 등으로 설명했다. PWC는 학교장의 역할과 관련해서 "전략적 방향 설정과 윤리성 확보, 교수 학습 활동 관리, 인력관리 및 역량 개발, 학교와 외부 기관들과의 네트워크 구축 및 협력, 일반적인 행정 활동, 학교장으로서의 책무성" 등의 6가지 핵심 사항을 제시했다. 이와 함께 PWC는 학교장의 직무와 관련해 "다른 학교들과의 새로운 관계 형성, 학습 환경, 학습 시설 및 사회복지 시설과의 협력, 개별화 교육, 파트너십" 등 변해 가는 새로운 학교 풍경을 언급했다. 이 모든 것들에 대한 공감 여부와는 상관없이, 여기에는 거부할 수 없는 명백한 결론이 정해져 있다. 즉, 교장의 직무는 믿기지 않을 정도로 아주 복잡하며 불과 몇 년 전에 비해 '엄청나게 달라졌다'는 점이다.

교장의 직무가 점점 복잡해져 가는 이러한 급격한 변화와 관련해 두 가지 문제점이 있다. 하나는 많은 교장들이 애초에 그들에게 요구되었던 기대와는 현저히 다르게 자신들의 직무에 접근하고 있다는 것이다. 그들은 우리 모두가 아는 그런 평범한 부류의 학교에 부임해서 편하게 학교 경영을 하게 될 것이라는, 느슨한 생각을 하는 경우가 많다. 때문에 그들 교장들이 학교에서 일으키는 주된 변화는 학교 경영 그 자체와 관련된 변화가 아니라, 학교 구성원들의 인종 구성 비율의 변화 정도에 그칠 것이다.* 그런 의미에서 이들의 행동은 교장이 수행해야 할 직무의 목적에 부합하지 않는다.

*여기서 잠깐!
학교장들이 학교를 평범하게 그리고 적당하게 경영하여 학부모들이 학교의 전반적인 개혁이나 성과가 낮다고 판단할 경우, 부유층 가정의 자제들은 더 좋은 학교를 찾아 떠나게 되고, 결국 학교에는 '더 좋은 학교'라는 단 한 가지 조건만으로는 거주지를 옮겨 갈 수는 없는, 경제적으로 넉넉하지 못한 히스패닉계나 흑인계 가정의 학생들만 남게 되고 말 것이라는 의미로 추측해 볼 수 있다.

또 다른 문제는 교장이 되고자 하는 교장 지원자 수의 부족과 인구통계학 측면에서의 학교장의 급격한 이직률 때문에 어쩔 수 없이 많은 교육자들이 교장이라는 역할 수행에 대해 제대로 준비하지 못한 채 교장으로 승진하는 상황이다. 이렇다 보니 새롭게 교장이 된 사람들이 그 직위에 적응하지 못하는 것은 아니지만, 그들이 앞으로 직면하게 될 다양한 요구 사항에 대처할 수 있는 충분한 경험을 하지 못한다는 점은 분명히 개선이 필요하다.

이처럼 교장 개개인이 그 지위나 역할에 적합하지 않다는 점 이외에도 나는 지금의 교장 '역할' 자체가 목적에 맞지 않는다고 생각한다. 슈퍼맨과 같은 만능해결사가 아닌 이상 그 누구도 교장의 역할을 효과적으로 수행할 수 없기 때문이다. 이것이야말로 악순환의 원인이 된다. 현재 교장에게 요구되는 기대와 역할은 교장으로 적합한 사람들을 충분히 교장직으로 끌어모으는 데도 실패하고 있으며, 역량 있는 일단一團의 교장들을 전략적으로 유능한 리더로 성장하게 하는 데도 실패하고 있다. 상황이 이렇다 보니 분산적 리더십을 발휘하는 리더들distributed leaders*을 육성하는 노력은 더더욱 약화되고 있다. 이러한 상황 때문에 시스템은 슈퍼맨과 같은 초영웅적인 인물을 찾게 되는 것이다. 대체로 시스템은 교장들이 슈퍼맨과 같은 역할을 할 수 있다고 여기는 것 같다. 그러므로 이것은 개인적 실패라기보다는 시스템의 실패에 해당된다. 교장의 역할을 본래의 목적과 취지에 맞게 현실화하는 것은, 영국에서 추진하는 '모든 아이들을 소중

*여기서 잠깐!
분산적 리더십distributed leadership이란 지도성이 지도자 개인의 역량이나 기능 안에 머물러 있는 것이 아니라, 지도자와 그 조직의 구성원들, 그리고 상황이라는 세 요소 간의 상호작용에 걸쳐 있는 것을 의미한다(라연재 외 공역, 『리더를 뛰어넘는 리더십, 분산적 지도성』, 학지사, 2010, p. 9 참조).

히!Every child matters'라는 프로젝트의 목적에도 부합된다. 또 우선순위로 다루어질 필요가 있는 미국의 '아동 낙오 방지법No Child Left Behind Act'의 보다 깊은 목적과도 부합된다. 목적에 맞도록 학교를 경영하는 것이야말로 이 책이 추구하는 진정한 가치이며 존재의 이유이다.

2. 기대되는 변화의 요인들

교장의 관점에서 바라봤을 때 앞으로 다루게 될 네 가지 주제들은 아주 나쁜 것들이다. 교장 개개인의 정신건강에도 좋지 않고, 시스템 자체의 건강에도 좋지 않다. 하지만 이와 같은 네 가지 주제들은 양날의 검과 같다. 문제가 될 수 있으면서도 잘 협력하여 헤쳐 나가면 잠재적으로 아주 강력한 힘이 될 수 있기 때문이다.

가. 잠재력을 갖춘 전략

도시 학교들을 개혁하기 위해 읽기·쓰기, 수학, 과학 교과에 초

교사들과의 협의회

점을 둔 발전 전략을 수립한다고 가정해 보자. 3,500만 달러를 예산에 추가하고, 국제적인 기준, 교육과정, 그 기준에 도달하기 위한 교수 내용, 진보의 정도를 추적하고 평가할 수 있는 평가 시스템 등을 새롭게 만들게 된다. 또 교사들의 전문성 신장을 위해 집중적인 투자를 아끼지 않는다. 마지막으로 학교장이 혁신적인 마인드로 학교를 경영할 수 있도록 교장의 역할을 재정립하고, 그들에게도 전문성 개발의 기회를 풍부하게 제공한다.

당신은 그 결과를 예측할 수 있겠는가? '도시 학교 개혁을 위한 캠페인The Cross City Campaign for Urban School Reform(2005)'이라

는 연구에 의하면 그 결과는 긍정적이지 않은 것 같다. 이 연구는 미국의 시카고, 밀워키, 시애틀 지역의 교육개혁 정책을 분석했다. 이들 연구진은 "불행하게도 우리가 인터뷰한 수많은 교장과 교사들은 일선 현장의 관행들을 대규모로 바꾸고 개선하지 못했다"[10]고 결론지었다. 교장의 경우, 그들이 중요한 역할을 할 수 있는 자리에 있기는 하지만, 다양한 책무성을 지니다 보니 교육 리더의 역할을 수행하는 과정에서 목적에 어긋난 역할을 수행해야 하는 경우도 종종 발생한다는 것이다.[11]

좀 더 주목할 만한 연구 결과가 있다. 1997~2002년까지 샌디에이고에서 세간의 관심과 막강한 지원을 받으면서 추진되었던 읽기·쓰기 및 수학 교과 성취도 향상을 위한 노력에서 교장이 중심적인 역할을 수행했다는 사실이 확인되었다.[12] 이들의 행위이론 연구에서는 학교장을 "학교에서의 전문적인 학생 지도와 교육의 방향 모색 과정에서 가장 결정적인 요소"[13]로 설정했다. 교장들은 "교육을 이끌어 갈 리더라는 기대를 받게 되면서, 행정적인 측면, 실행계획 측면, 재정적 문제 등을 다루는 데 필요한 시간들을 줄이는 대신, 교육에 대해 교사들과 더 많은 대화를 나누며 교실에서 더 많은 시간을 보내게 되었다."[14] 하지만 지속적으로 관심을 갖고 수많은 현장 멘토링을 했음에도 불구하고, 학교장의 리더십을 전체 교실의 교육적인 개선에 연결 짓는 데에는 상당한 어려움을 겪었다.

그렇다면 그 이유는 무엇일까? 정책 입안자들과 각 지역 교육지원청의 리더들이 마침내 교장의 역할에 대한 연구 결과를 진지하게 받아들였음에도 불구하고 왜 학교장들은 여전히 장애물에 가로막히게 되었을까? 이 물음에 대한 설명을 나는 네 가지로 종합해 보고자 한다.

- 각 교육지원청에서는 자신들의 주도로 결정한 (학교장의) 역할을 학교장들이 잘 수행해 줄 것으로 기대하고 있다.
- 교장의 역할은 사람들이 생각하는 것보다 훨씬 더 위협적일 수도 있고, 또 역할 수행에 필요한 역량은 몇 번의 워크숍이나 일대일 멘토링을 통해서는 익힐 수 없다. 맥락을 통해 배운다는 것learning in context은, 우리가 학교문화를 개혁하는 데 집중해서 그 결과 교육자들이 자신들이 일하는 환경 속에서 지속적으로 배우는 것을 필요로 한다.
- 아마도 교장들은 교사의 선발과 관리에 대한 정책 및 정책의 실행, 예산 문제 그리고 관료주의로 인해 파생되는 다른 양상들로 인해 심리적으로 억눌려 있을지도 모른다.
- 앞에서 언급했듯이, 교사들이 현재의 교육 여건에서 새로운 역할들을 모두 실현할 수 있을지에 대해서는 전혀 고려하지

않은 채, 기존의 역할에 새로운 요구 사항이 추가되었다. 이로 인해 최종적으로 교장이 곤란한 입장에 처하게 되었다.

*여기서 잠깐!

차터스쿨은, 개인이나 기업 등 이를 운영하고자 하는 측과 승인기관 사이에 '차터charter, 즉 헌장'이라는 계약으로 운영되는 자율적인 학교 운영 체제라 할 수 있다. 학생들의 학업 성취도 향상이라는 책무성을 담보로 교직원 채용, 교육과정 운영, 재정 운영 등에 있어서 최대한의 자율성을 보장받아 운영되는, 공립학교 개혁의 새로운 대안인 셈이다.

미국판 혁신학교라 할수 있는 차터스쿨은 학교에서 교육과정을 자율적으로 편성하여 운영하며 학구의 제한을 받지 않는 등 사립학교의 장점을 살린 새로운 형태의 공립학교라 할 수 있다. 뉴욕주는 미국의 50개 주 가운데서 35번째로 차터스쿨 법안을 통과시킨 후발 주자지만 차터스쿨 운영에 대한 호응은 상당히 높은 편이다(이인회, 「뉴욕주 차터스쿨 교장의 변혁적 리더십 실제」, 『열린교육연구』, 2008, Vol 16, No 20, pp. 1~3 참조).

이러한 실패 때문에 추진 전략 수립에 새로운 움직임이 일어나고 있다. 그 좋은 예를 뉴욕주에서 찾아볼 수 있다. 뉴욕주는 지난 십 년 동안 구조적인 측면에서 수많은 급변 과정을 거쳤고, 지금은 학교에 세 가지 선택권을 제공하고 있다.

첫째, 학교에서는 '진정으로 권한위임을 받은' 학교(즉, 차터스쿨charter school*)가 될지 여부를 선택할 수 있다.[15] 이들 학교는 확실한 책무성을 이행하는 조건으로 재정 운영, 교직원 채용, 행정 측면에서 '말 그대로 진정한 권한 위임'을 얻게 된다.

둘째, 교장들은 학습봉사단체Learning Service Organizations(LSO)와의 변화된 관계 속에서 그에 대한 선택권을 갖고 있다. 여기에는 4개의 학습봉사단체가 있는데 각 학교는 그중에서 선택을 할 수 있다.

셋째, 교장들은 민간 컨소시엄에 참여할 수 있는데, 이 컨소시엄에는 그룹을 형성한 몇몇 학교들과 운영 협약을 체결할 수 있는 영리단체나 대학교 조합들이 참여한다. 그 컨소시엄은 아직 발전의 초기 단계이며, 현재까지 '학교 운영에 대한 지원을 제공'할 수 있는 인증기관은 9개뿐이다. 나는 이 세 번째 전략에 대해서는 자세히 다루지 않고 말을 아끼겠지만, 만약 위의 세 가지 전략들이 이 책의 2장부터 5장까지 언급된 네 가지의 강력한 논지들을 포함하지 않는다면 반드시 실패할 것이다.

지난 3년간 영국에서는 좀 더 많은 가능성을 내포한, 클러스터를 기반으로 한 일련의 전략들이 다듬어지고 있다.* 이 새로운 접근법은 상당한 잠재력을 갖추었지만 그 주장을 뒷받침하려면 복잡한 행위이론이 필요하다. 앤디 하그리브스는 '학업성취도 향상, 학습에서의 변혁 추구Raising Achievement, Transforming Learning(이하 'RATL'로 약칭)'로 명명된 프로젝트의 평가에 참여했는데, 이 프로젝트는 '특성화학교와 아카데미 트러스트Specialist schools and Academies trust'라는 기구가 운영하고 있다.[16]

RATL은 성과가 낮은 영국의 300개 이상의 중등학교를 지원하고 있으며, 여기에서의 행위이론과 혁신 모델은 다음의 여섯 가지

*여기서 잠깐!
이에 대해 더 자세한 내용은 콜드웰caldwell의 연구(2006)와 함께 이 장의 일곱 번째 주제인 '클러스터, 네트워크, 파트너십'에 관한 부분을 참조.

요소에 기초하고 있다.

- 학업성취 수준이 낮은 학교들을 발굴하여 참여를 유도하라.
- 서로 배울 수 있도록 학교 간 네트워크를 구축하라.
- 멘토 학교와 그 교장을 활용하라.
- 통찰력 있는 영감과 동기를 부여하는 네트워크 간 컨퍼런스network conferences 기회를 제공하며, 프로젝트 리더십project leadership을 통해 데이터 분석 및 학업성취도 개선 노력을 목표로 하는 기술 시스템을 제공하고 지원하라.
- 경험에 의해 구동되고 실제적으로 검증된 전략들을 네트워크 안으로 모아서 투입하라.
- 액수가 많지 않은, 적당한 규모의 재정 지원을 통해 참여를 장려하라.

RATL의 지원 활동 결과 대부분의 학교에서 바람직한 변화가 일어났다. 단 3년 만에 75%의 학교가 학생들의 학업성취도 영역에서 주목할 만한 성과를 얻어 냈다. 이들 학교 모두가 성과가 낮은 중등학교라는 것을 기억할 필요가 있다. 그런데 여기에는 아직도 수많은 도전 과제들이 남아 있다. 예를 들어 성과를 이루는 데 실패하여 좀 더 분석적으로 대응할 필요가 있는 25% 학교들의 상황을 어떻게 처리할 것인지, 어떻게 하면 더 많은 학교에서도 성과를 낼 수 있을지, 처음에 이룩한 성과를 어떻게 유지할 것인지, 장기적인 전략 대신에 단기적인 전략을 고집하는 학교들의 관행을 어떻게 개선할 것인지 등에 대한 도전이 바로 그것이다. 현재의 모든 해결책을 망라해 보았을 때, 특정 문제에 대한 특정 해결법을 끊임없이 찾아서 적용해야 한다. 즉, 문제의 성격이나 상황에 따른 맞춤형 해결법이 필요한 것이다. 특정한 조건이나 요구에 딱 들어맞는 전문성이나 신중함을 갖추는 것은 효과적인 변화 전략의 특징이다.[17]

결론적으로, 아직까지는 실패에 대응하기 위해서 교장들을 전면이나 중앙에 내세우는, 부분적으로 착안된 개혁 전략을 선호하는 경향이 있다. 그런데 매우 강력한 잠재 가능성을 지닌 새로운 접근법들이 어렴풋하게나마 나타나고 있다. 그래도 의미 있는 것은, 교육개혁을 위해 지난 20년간 추진했던 집중적인 노력들이 모두 실패했기 때문에 지금이야말로 급진적인 실험을 해 볼 수 있는 좋은 시기라는 점이다. 그리고 이런 급진적인 변화를 추구할 수 있는 시기에 개정판『학교를 개선하는 교장』에서 제시하는 행동 지침은 시기적절하게 구원투수 역할을 해낼 것이다.

나. 교장의 채용과 승계

채용recruitment과 승계succession 문제가 해결되지 않은 상태에서 특정인에게 주어진 직업상의 역할을 제대로 수행하라고 하는 것은 지나친 요구다. 하지만 최근까지 이 문제는 거의 전적으로 소홀히 취급되어 왔다. 물론 제대로 된 사람을 채용해서 좋지 않은 자리에 배치하는 것도 어려운 일이지만 말이다. 말하자면 이런 식이다. "마이너 리그minor league의 상황을 잘 알고 있는 메이저 리거major leaguer에게 어떻게 마이너 리그에 머무르라고 하겠는가? 혹은 마이너 리그에 대해 잘 알고 있으면서 메이저 리그를 희망하는 선수에게 어떻게 마이너 리그에서 선수 생활을 하라고 할 수 있겠는가?" 2003년, 월리스 재단에서 발표한 리더십 관련 보고서에 의하면, 채용과 승계 문제 해결을 위해서는 교장의 역할을 명확하게 하고 이를 위해 더 잘 준비하게 하는 것도 필요하지만, 보다 더 근본적인 해결 방안은 교장이 근무하는 곳의 '근무 여건과 보상체계'를 개선하는 것이다.

교육개혁의 성공은 곧바로 교장으로부터 시작될 수는 없다. 교사가 되려면 반드시 석사학위를 취득해야 하는 핀란드의 교육적 성공이 보여 주는 바와 같이, 교육개혁은 우수한 교사를 기반으로 한 기초적인 토대 위에서 시작되는 것이다. 그러한 토대 위에서만 다른 리더를 양성할 수 있는 진정한 리더(교장)를 얻을 수 있다. 이것이야말로 자신들이 근무하는 여건 속에서 리더십을 배우는, 잠재적인 미래 리더들의 공급 루트가 된다. 그리고 그렇게 했을 때에만 교장이 되고자 하는 리더 교사들에게도 인센티브와 기회 제공이 매력적인 것으로 받아들여질 것이다.

앤디 하그리브스와 핑크(2006)에 의하면, '승계의 지속' 문제는 일시적이며 계획되지 않은 형태가 일반적이었다. 이것은 성공적인 개혁의 초기 단계에서 특히 절망적이다. 두 연구자는 새로 맡게 된 매력적인 업무는 오래가지 못한다고 보았는데, 그것은 그 성공을 뒷받침해 줄 어떠한 계획도 없기 때문이다. 그들의 연구 결과를 보면, "최근의 성공은 지속되지 않고, 얻어진 성과들은 사라져 버리고, 지속되는 것은 이전의 아주 평범한 패턴으로 재구조화된 것이다. 결국 최종적으로 학교는 침체 상태에서 규칙적인 패턴을 그리며 발전과 후퇴를 거듭하는, 반복적인 악순환에 들어가게 된다"[18]는 것이다.

과거와 달리 최근 들어 많은 교육자들이 채용과 승계의 지속 문제 해결을 위한 새로운 방안들에 큰 관심을 보이고 있다. 채용과 승계 문제는 샌드위치에 비유할 수 있다. 샌드위치의 맛은 두 개의 빵조각 사이에 고기, 야채, 기타 재료 등 어떤 식재료를 넣느냐에 따라 결정된다. 이와 마찬가지로 선임 교장에서 후임 교장으로 이어지는 채용과 승계를 바람직한 방향으로 개선하려면 샌드위치 맛을 결정하는 식재료와 같은 역할을 하는, 교장을 위한 근무 여건 등을 중요한 의제로 여기고 이를 해결해 가야 한다. 이 책은 '샌드위치'의 내용물만이 아니라 샌드위치 전체에 해당된다. 이것은 교장들이 이 책 2장부터 5장까지 제시된 네 가지 주제에 맞춰 학교 시스템을 개편하는 것처럼, 이 장章에 제시된 바이스로 죄는 것 같은 8가지 제약 요소를 극복하기 위해 치열하게 싸우는 것을 의미한다.

다. 클러스터, 네트워크, 파트너십

*여기서 잠깐!

네 가지 주제란 '학교장을 어렵게 하는 요인들' 가운데 '클러스터, 네트워크, 파트너십'을 포함한 잠재력을 갖춘 전략, 채용과 승계 문제, 국제적인 성취기준 등을 말한다.

나는 클러스터, 네트워크, 파트너십, 이 세 가지를 교장이라는 직위의 미래와 전반적인 학교 시스템의 성공을 위해 아주 필수적인 요소라고 생각한다. 하지만 이 장의 마지막 네 가지 주제*와 마찬가지로 이것들은 해가 될 수도 있고, 아무것도 아닐 수도 있고, 도움이 될 수도 있다.

네트워크 활동은 필요 이상으로 그 활동에 자주 참여해야 한다거나, 활동 자체가 피상적인 교류 정도에서 끝나게 된다면 시간

낭비가 될 수도 있다. 만약 피상적인 교류 활동이 전체 학교에 걸친 강력한 '학습 네트워크'와 함께하지 못한다면, 네트워크 활동은 뉴욕주와 같은 시스템들이 '진정한 권한 부여' 방식(차터스쿨 charter school)으로 전환해 간 것처럼, 역기능적 형태이긴 하지만 도리어 '학교의 자율성' 확보에 도움이 될 수도 있다. 그러므로 더 장기적인 목표를 위해 명확하게 노력하지 않는다면, 네트워크는 단기적으로 시험 성적 올리기에만 기반을 둔, '편협한' 배움에 집중하는 수준에서 벗어나지 못할 수도 있다.

우리가 계획하는 네트워크나 파트너십은 팀 단위 활동에 초점을 두면서 강력한 힘을 발휘할 수 있어야 한다. 또한 지속적이며 깊이 있는 학교 개선을 위해 파고들 수 있어야 한다. 위에서 언급한 '학업성취도 향상, 학습에서의 변혁 추구(RATL)' 프로젝트에서 얻은 대단한 성과들은 다음의 네 가지 요소들에 달려 있다.

- 학교에 의한, 학교와 함께 하는, 학교를 위한 개혁을 하라.
- 연구를 기반으로 한 근거 자료와 전문적인 경험과 지혜 등을 동시에 적용하라.
- '연구를 통한 진전 그리고 진전 과정에서 진행되는 연구'라는 반복적인 사이클에 참여하라.
- 내부에서 외부(다른 학교)로 향하는 지식이나 경험뿐만 아니

라, 그와 반대로 외부에서 내부로 향하는 리더십과 전문성을
적극 활용하고 그 가치를 인정하라.

'수평적 역량 강화'를 극대화하려면 학교와 교육지원청 차원의
강력한 리더십이 수반되어야 한다. 이러한 리더십이 발휘될 때, 경
험은 물론 더 강력한 정체성 및 도덕적 책무성이라는 두 가지 강
력한 변화의 힘이 촉발된다. 콜드웰Caldwell(2006)은 이렇게 말했다.

성공적인 경험의 특징은 학교와 학교의 시스템들이 교육
적, 비교육적 상황에서 다른 단체들과 공사公私 양면으로 대화
를 갖는 것이다. 그것은 권위와 책무성이라는 수직적인 연속성
과 함께 수평적 네트워크 관계를 갖는 것임이 틀림없다.[19]

학교장 사회가 권위주의를 탈피하여 점점 수평적으로 변하고
있다.

라. 국제적인 성취기준

앤디 하그리브스와 나는 읽기·쓰기 및 여타 영역에서 '도달해

야 할 목표' 설정 문제로 논쟁 중이다. 이와 관련하여 내 생각은, 만약 그 목표가 독단적이거나 외부로부터 부과된 것일 경우 오히려 해가 될 것이라는 점이다. 그러나 그 목표가 이전에는 사람들의 주목을 받지 못했더라도 공동으로 결정되었을 때는 득이 될 것이다. 결과적으로 우리는 각 학교가 출발점 수준을 분석하여 '읽기·쓰기'와 같은 야심 찬 목표를 설정한다면 학교의 상황은 더 나아질 것이라고 말하긴 했지만, 목표 설정이 다른 사람의 주의를 딴 데로 돌리게 하는 정도일 뿐이지, 결코 필수적이지는 않다는 데에 견해를 같이한다.

여기서는 두 가지 요소가 매우 중요한데, 첫 번째는 학교와 학교 시스템이 자신들의 진보의 과정에 대해 참고 사항을 기록해 두는 것이다. 나머지 하나는 학교가 자신들의 개선 전략을 숙지하고 이를 보완하기 위해 사용하는 배움과 실행 과정에 대한 지속적인 진단 자료를 만들어 내는 것이다. 그리고 첫 번째 내용과 관련해서 교육지원청에서는 세 가지 관점에서 자신들을 비교해 봐야 한다.

- 시간의 흐름에 따라 그들 자신과 비교해 봐야 한다. 즉, 이전의 성과와 비교했을 때 진척의 정도는 어떠한가?
- 비교할 만한 가치가 있는 유사한 것들과 비교해 봐야 한다.

즉, 비슷한 상황에 처해 있는 다른 학교들과 비교했을 때 어떠한가?

- 일부 절대적인 성취수준과 비교해 봐야 한다. 교육지원청 수준과 국제적 수준, 이 두 가지 성취수준과 비교했을 때 언어능력에 능숙함을 보이는 학생들의 비율은 어느 정도인가?

*여기서 잠깐!
2018.10.1. 현재 OECD 회원국 수는 36개국이다. OECD 누리집(http://www.oecd.org) 참조.

세 가지 관점 중 마지막 관점에 대해 얘기하자면, 경제협력개발기구(OECD) 32개 회원국*의 15세 학생들의 능력을 평가하는 국제학업성취도평가PISA 결과는 아주 유용한 기준점이 될 수 있다. 또한 핀란드와 같이 높은 성과를 내는 국가들로 인해 배움에 관한 상당한 관심이 증폭되었다.

그러는 동안 대부분의 학교 시스템들은 정보의 과부하로 고통받고 있으며, 개선보다는 오히려 구성원들의 의견 차이로 혼란을 겪고 있다.[20] 이러한 문제점을 해결하려면 학교의 리더들이 직접 평가에 해박해져야 한다. 또한 학교의 시스템은 정보 남용에서 벗어나 내부적으로는 학교를 위하고, 외부적으로는 학생들의 성적에 대한 책무성에 도움이 되는 정보를 제공하는 방향으로 나아가야 한다.

나는 학생들의 학업성취도와 관련된 정보를 제공하고 학생들의 진보의 정도를 기록으로 남기는 학교와 시·군·구 단위의 교육지원청들이 (그렇지 않은 곳에 비해) '정보의 투명성'에 익숙해지는 수준에서 멈추지 않고 더 노력한다는 사실을 알게 되었다. 예를 들어, 그들이 실패의 낙인감을 안고 출발한다면, 180도로 전환되는 급작스러운 개선 전략은 성공하지 못한다. 그러나 그들이 똑같은 전략들의 가치를 낮게 평가하지 않고, 파트너십과 역량 키우기에 더 집중한다면 전체적인 분위기는 바뀌게 된다. 앞에서 언급한 'RATL 프로젝트'나 '온타리오의 집중적 교육 지원 협력 사업 Ontario Focused Intervention Partnership'에서 그 예를 찾아볼 수 있다. 즉, 그렇게 긍정적인 변화를 보이는 학교는 도덕적인 책무성이 잘 작동되고, 정보가 풍부하며, 교육자들은 자신들이 어떻게 행동하고 있으며 더 좋은 결과를 위해 무엇을 해야 하는지를 알려 주는 자료를 찾아 나선다.

이번 장에서는 학교장들에 관한 풍경을 극적으로 변화시킨 여덟 가지의 강력한 주제들에 대해 살펴보았다. 학교장에 대한 기대 수준이 하늘 높은 줄 모르고 올라가는 동안, 위의 주제들은 학교장들을 아무 데도 가지 못하게 하는, 일련의 강력한 죔쇠를 갖춘 클램프와 같은 역할을 한다.

이에 대한 해결책은 족쇄를 풀어 교장들이 자율적으로 행동하게 하는 것이 아니라 목적의식이 분명한 결합력을 갖게 하는 것이다. 모든 사회적인 현상은 '망網'으로 비유할 수 있는데, 망은 정신적 측면에서 영향력을 미치면서 거칠기도 하고, 회복력이 있으면서, 역동적이다. 일종의 쥠쇠인 바이스는 어느 곳으로도 도망가지 않기를 바라는 어떤 물체를 당신이 원하는 대로 고정할 때 사용하는 것으로 생명력이 없다. 하지만 '망'은 살아 움직이는 것이다. 이제부터는 상호 관련된 네 가지 학습 '망'과 연관된 활동들을 다룰 것이다. 이것들은 위험성이 높기는 하지만 추구할 만한 가치가 있다.

제2장

유산으로
남을 수 있는
학교문화를
만들어라

제2장
유산으로 남을 수 있는
학교문화를 만들어라

이 책은 교장 개개인은 물론 교장의 역할 개선에 관심이 있는 지역의 시·군·구 단위 교육지원청이나 시·도 단위 교육청 등의 교육 시스템 리더들을 위해 썼다. 무엇보다도 우리는 기존의 '교육 시스템'에 의해 조직이 정비될 때까지 교장들이 기다려야 한다고는 생각하지 않는다. 변화는 절대 그런 식으로 일어나지 않기 때문이다.

'유산遺産 선도하기leading legacies, 즉 유산으로 남을 수 있는 학교문화 만들기'는 교장 개개인들이 자신들의 발전에 직접적으로 기여할 수 있도록 도와주면서, 동시에 교육 시스템이 오랫동안 지속될 수 있게 강화해 주는 학교개혁의 중요한 영역이다. 이와 관련해서 조지 버나드 쇼Goerge Bernard Shaw는 자신의 희곡인 『인간과 초인Man and Superman』*에서 다음과 같이 멋지게 표현했다.

인생의 진정한 기쁨은 당신 자신이 가장 중요하게 여기는 목적을 위하여 자신을 소진消盡시키는 것입니다. (쓰레기 더미 위에 던져지기 전에 자신을 완전히 소진시키는 것입니다.) 이 세상이 당신을 행복하게 해주지 않는다고 불평하면서 몹시 흥분한 보잘것없는 질병 덩어리, 불만 덩어리가 되는 대신에 자연의 일부가 되는 것입니다. 나는 이 세상을 떠날 때 나의 모든 것을 철저하게 소진한 상태로 떠나고 싶습니다. 열심히 살면 살수록 그만큼 더 내 자신이 살아 있다는 것을 느낍니다. 나는 인생 그 자체를 즐깁니다. 나에게 있어 인생이란 잠시 동안만 타고 꺼져 버리는 촛불이 아니라, 내가 잠시 들고 있어야 할 정말 멋진 횃불과 같아서, 이것을 다음 세대에게 넘겨주기 전에 가능한 더 밝게 타오르게 하고 싶습니다.[1]

'유산으로 남을 수 있는 학교문화 만들기'는 영원히 불을 밝혀주는 근사한 횃불 같은 것이다. 학교장들은 다음의 네 가지 방식으로 학교문화를 이끌고 만들어 간다.

유산으로 남을 수 있는 학교문화를 만들어라

- 구성원을 선도先導하여 다양한 유형의 혁신 리더를 키워라.
- 서로 배우는 협력적 학교문화를 만들어라.
- 다른 학교나 교육 시스템과 연계하라.
- 좋은 평판을 남겨라.

1. 다양한 유형의 혁신 리더를 키워라

능력 있는 교장은 두 가지 일을 동시에 수행해야 한다. 하나는 제3장에서와 같이 교육에 대한 깊은 집중력을 발휘하고, 단기간에 구성원들도 집중력을 발휘할 수 있도록 지원하는 것이다. 다른 하나는 학교장의 재임 기간 이후에도 자신들의 역할을 계속해서 잘 수행할 수 있도록 구성원들을 적재적소에 배치하는 일이다. 학교에 긴급한 문제가 발생하면 교장은 리더로서 문제 발생에 대한 책임감을 느끼기 때문에 당장이라도 달려들어 문제를 해결하고 싶은 큰 유혹에 빠지게 된다. 하지만 그러한 행동은 '유산으로 남을 수 있는 학교문화 만들기'에 해당되지 않는다.

최근에 켄 리스우드Ken Leithwood와 그의 동료들은 영국 '국립

교장양성연수원the National College for School Leadership(NCSL)[*]의 의 뢰를 받아 학교장 리더십에 관한 연구를 수행했다. 그들은 이 연구에서 '성공적인 학교장의 리더십을 위한 7대 사항'을 제안했다.[2] 그중에서 두 가지 요소는 유산, 즉 학교문화를 위한 여건 확립과 직접적으로 연관되어 있는데 그 내용은 다음과 같다.

- 학교장의 리더십은 그것이 널리 확산될 경우, 학교와 학생들에게 더욱 큰 영향을 미친다.
- 학교장은 학생들의 학습 상황 개선에 대해서는 간접적인 영

*여기서 잠깐!

'국립교장양성연수원the National College for School Leadership'은 2000년에 토니 블레어Tony Blair 총리에 의해 설립되었다. 보수 세력에 맞서 교육을 변화시키기 위해 '교육계의 육군사관학교Sandhurst for schools'를 만들겠다는 취지에서였다. 이 기관의 중심 역할을 했던 '교육 및 회의 센터'는 2002년에 노팅엄대학 주빌리 캠퍼스에 문을 열었다.

설립 당시에는 비정부 공공기관으로 설립되었지만, 2009년부터 2011년까지는 '국립 학교 리더십 및 아동복지 연수원National College for Leadership of Schools and Children's Services'이라는 이름으로 활동을 했으며, 마침내 데이비드 캐머런David Cameron 총리가 이끄는 보수 자민당 연립정권하에서 그 위상이 반독립기관에서 교육부 산하 부서로 격하되었다. 그러다가 2013년에 다시 교사 연수를 주관하는 '교육국Teaching Agency'과 통합되어 '국립 교수법 및 리더십 양성 연수원The National College for Teaching and Leadership(NCTL)'으로 개편되었다. 즉, 초창기엔 관리자 육성을 위한 기관으로서의 성격이 강했지만 몇 번의 개편 과정을 통해 교사, 수석교사, 관리자 등 교원 양성 종합 연수기관으로 그 기능이 확대되었다.

현재 NCTL에는 300여 명의 직원이 근무하고 있으며, 런던London, 노팅엄Nottingham, 코번트리Coventry, 맨체스터Manchester, 셰필드Sheffield, 달링턴Darlington 등의 6개 도시에 연수원을 두고 있다.

향을 미치지만, 교직원들의 동기부여, 헌신 그리고 근무 여건 등에 대해서는 가장 강력한 영향을 미친다.[3]

인습타파주의적 성향을 지닌, 맥길대학교McGill University의 경영학 교수 헨리 민츠버그Henry Mintzberg는 '유산, 즉 학교문화 남기기'에 대해 기초적인 예시들을 제시했다. 그는 리빙스턴이 1971년도에 『하버드 비즈니스 리뷰Harvard Business Review』에 투고한 논문을 예로 들었다. 이 논문에서 리빙스턴은 "성공적인 경영이란, 개인 자신의 성공이 아니라 다른 사람들이 성공할 수 있도록 촉진제 역할을 하는 것"이라고 주장했다.[4]

훗날 민츠버그는 이에 대해 다음과 같이 좀 더 구체적인 설명을 덧붙였다.

리더십이란 현명한 판단을 하거나 큰일을 하는 것이 아니며, 개인적인 이득을 챙기는 것은 더더욱 아니다. 같이 근무하는 사람들의 열정을 일깨워서 더 좋은 판단을 할 수 있게 하고, 더 나은 일을 할 수 있도록 하는 것이다. 다시 말해서 사람들의 내면에 잠재해 있는 긍정적인 에너지를 이끌어 내도록 돕는 것이다. 효과적인 리더십이란, 권한 위임된 것보다 더 큰 영감을 사람들에게 주고, 통제하는 것보다 더 깊게 모든 일에 관여하게

부장교사와 함께 하는 교육과정 반성회

하며, 결정된 것보다 더 많은 것을 몸소 행동으로 보여 주는 것
이다. 리더십은 무엇보다도 구성원들을 끌어들임으로써 이 모든
것을 가능하게 하고, 그 결과로써 다른 사람들도 그렇게 하도록
동기부여를 하는 것이다.[5]

리스우드와 그의 동료들은, 학교장의 리더십을 "교실 수업 다
음으로 학생들의 배움 활동에 지대한 영향력을 미치는 것"[6]으로
간주했다. 그러므로 교장은 교수 리더십instructional or pedagogical
leadership을 직접 보여 주고, 교수학습 활동을 개선하는 것이 가

장 중요한 것임을 강조하고, 제대로 된 교사들이 리더가 되게 함으로써 학교문화를 남길 수 있다. 리더 양성과 관련해 학교장이 관심을 두어야 할 리더로는 기초 문해교육 코치literacy coaches, 학년부장grade-level heads을 포함한 부장교사 등이며, 교장이 되고자 하는 사람들을 대상으로 한 교육 프로그램에도 관심을 기울여야 한다.

유능한 교장들은 시간을 할애해서 교사와 교사의 리더 그룹(교육기획부장, 혁신부장, 교육과정부장, 학년부장, 교과부장 등)이 효율적인 교육적 실천에 초점을 맞출 수 있도록 여건을 조성해 준다. 또한 교사와 교사의 리더 그룹이 학생들의 학습 관련 데이터를 학업성취도 향상을 위한 지렛대로 사용하고 외부적인 책무성 확보를 위한 자료로도 활용하도록 해 준다.

우연하게도 경쟁력이 최고에 달하는 모든 회사들도 '리더들이 또 다른 리더들을 양성'하는 이 같은 기본 원리를 기업 운영에 적용하고 있다.[7] 일본의 자동차 기업 도요타Toyota는 자신들의 성공을 외부가 아닌 내부에서 이끌어 낸 회사들 가운데 하나이다. 도요타는 다음과 같은 전제에 바탕을 두고 기업을 운영한다. 즉, "도요타의 철학은 모든 팀의 리더와 매니저 각자가 한 사람의 직원이기에 앞서 한 사람의 '교사敎師'라는 것"[8]이다. 그리고 "리더에게 가장 큰 성공은 그 리더 밑에서 배운 사람들이 성공하는 것"[9]

이다.

　재미있는 것은 당신이 유산을 남기기 위해서 죽거나 은퇴할 필요는 없다는 것이다. 위대한 리더들은 자신의 주변에서 유산을 빠른 속도로, 그것도 아주 많이 만들어 낸다. 그들이 속한 조직에서 미처 받아들일 수 없을 정도로 말이다. 달리 말하자면, 또 다른 리더를 키우는 리더들은 마치 프로야구에서 우수한 신인 선수를 조직적으로 육성, 배출하기 위해 활용하는 일종의 '팜 시스템Farm system*'을 다른 조직에 제공하는 셈이 된다. 내부적으로 리더를 훈련시켜서 오직 다른 중요한 직책을 위해 그 리더를 일찍 떠나보내는 것은 조직에 좌절감을 줄 수도 있다. 그러나 특히 공립학교에서 전체 시스템을 위해 리더십 개발을 돕는 것은 유산, 즉 학교문화 남기기를 위한 가장 즉각적이면서도 효과적인 방법이다.

*여기서 잠깐!

　팜 시스템Farm system은 미국, 캐나다 등의 프로야구에서, 메이저 리그 팀과 마이너 리그 팀 사이에 엄격한 프랜차이즈 계약을 통해 운영되는 제도를 말한다. 메이저 리그 팀의 입장에서는 마이너 리그 팀을 통해 선수를 훈련시키고 육성하는 것이 된다. 즉, 마이너 리그 팀 운영이 '선수 개발'의 의미를 갖는다. 그래서 마이너 리그 제휴사는 가끔 비공식적으로 '2군farm teams'으로 불리기도 하고, 메이저 리그 선수가 마이너 리그로 갈 경우에는 '2군으로 보내졌다farmed out'고 표현되기도 한다.

　여기에서는 학교장이 교사와 교사 리더 그룹 중에서 유능한 리더를 발굴, 육성하여 시스템 차원에서 리더의 폭을 두텁게 해야 한다는 의미에서 '팜 시스템'을 예로 든 것이다.

2. 서로 배우는
협력적 학교문화를 만들어라

교장들은 자신들이 참여하는 일대일 멘토링뿐만 아니라, 자신들이 만들어 가는 협력적인 학교문화를 통해서도 간접적으로 가장 큰 공헌을 한다.[*] 리스우드와 그의 동료들에 의하면(2004), 교장은 학생들의 배움에 대해 다음과 같은 방법으로 영향을 준다.

*여기서 잠깐!
이에 대해 더 자세한 내용은 제4장을 참조할 것.

- 비전과 학교의 교육 목표, 높은 성과와 기대를 공유하는 등 방향 설정을 통해 영향을 준다.
- 개별적 지원, 지적·감성적 차원에서의 격려, 모델링 등을 통한 구성원들의 역량 개발을 통해 영향을 준다.
- 협력적인 문화와 구조, 학부모 및 지역사회와의 생산적인 관

학교 구성원 간의 비전 공유 활동

계 맺기 등 조직 재구조화를 통해 영향을 준다.

우리는 지난 25년간 협력적인 학교문화가 학생들의 더 나은 배움을 이끌어 낸다고 믿어 왔다. 그러나 이와 같은 인식들이 '전문가 학습공동체professional learning communities(PLCs)'*라는 이름으로 적극적으로 현장에 적용된 것은 이제 겨우 5년밖에 되지 않았다.

*여기서 잠깐!

교원들의 학습공동체를 '전문가 학습공동체'로 명명한 것은, '전문가를 위한, 전문가로서의 학습공동체' 활동이라는 의미와 교육계 안팎에서 지지와 인정을 받을 수 있는 '진정한 전문가가 되기 위한 학습공동체' 활동이라는 두 가지 의미로 생각해 볼 수 있다. 이 용어는 경기도교육청 등에서 '전문적 학습공동체'라는 정책 용어로 사용되고 있는 개념과 유사한 의미이다.

두포어 부부와 에이커 등Dufour, Dufour, Eaker, and Many(2006)은
전문가 학습공동체 연구에 관해서는 최고의 권위자들이다. 그들
은 효과적인 전문가 학습공동체 운영을 위한 6대 핵심 요소를
제시했다.

- 배움(학습)에 집중하라.
- 서로 배우는 협력적인 학교문화를 만들어라.
- 공동으로 연구하라.
- 공동의 약속이나 앎을 실천으로 옮겨라.
- 지속적인 배움에 투자하라.
- 결과에 집중하라.

문제는 전문가 학습공동체라는 용어 사용이 우리가 생각하는
것보다 훨씬 더 빠르게 유행처럼 확산되고 있다는 점이다. 전문가
학습공동체는 가장 최근에 만들어진 획기적인 방안이 아님에도
가끔씩은 가장 획기적인 것으로 받아들여지고 있다. 오히려 그것
은 지속적인 개혁을 위해 학교문화를 영구적으로 바꾸고자 하는
의도에서 등장했다.

학교문화 바꾸기는 교장에게 요구되는 역할 중에서 가장 어
려운 것인데, 거기에는 극복해야만 하는 기존의 시스템과 학교

문화가 완강하게 버티고 있기 때문이다. 이 작업은 생각보다 훨씬 더 어렵다. 왜냐하면 여기서의 변화는 단순한 전문성 신장에 관한 것이 아니라 전문가 학습에 관한 것이기 때문이다. 엘모어 Elmore(2000)는 학교 교육행정가의 역할을 이렇게 기술했다.

> 교장 등 학교의 교육행정가들의 주된 역할은 조직 내 구성원들의 역량과 지식을 강화하고, 그 역량과 지식을 사용하는 것에 대한 기대가 자연스러운 학교문화를 만드는 것이다. 또한 조직 내에 흩어져 있는 사람들을 모아 서로에게 생산적인 관계를 만들어 주고, 공동의 결과를 위해 각자가 헌신할 수 있도록 개인적인 책무성을 강화하는 것이다.[10]

엘모어(2004)는 "개선이란… 당신이 근무하는 환경(맥락)에서 학습이 바람직한 역할을 하도록 하는 기능"[11]이라고 말하면서 학교 교육행정가의 역할을 더 분명히 하고 있다. 그런데 중요한 이슈가 되는 것은 다음의 내용이다.

> 문제는 교사들이 자신들의 역할을 수행하는 것과 관련하여 지속적이면서도 일관된 학습에 참여할 기회를 거의 갖지 못한다는 점이다. 즉, 자신들의 교실에 있는 동료 교사(기초 문해교

육 코치 등)는 물론 유사한 문제에 직면해 있는 다른 학교 교사들과의 관계 속에서 자신들의 교육 활동 장면을 보여주거나 동료 교사의 역할 수행 장면을 관찰하면서 (상호 간에 서로 배울 수 있는 기회를 갖지 못하고 있다).[12]

여기에서 잠시 기업 쪽으로 방향을 돌려보자. 기업에서도 역시 근무하는 환경에서 상호 간에 학습하면서 협력하도록 하는 것이 문제의 핵심인데, 이것을 제대로 아는 기업은 별로 없다. 만약에 이들 소수의 기업들이 문제의 핵심을 파악하고 협력적인 문화 조성에 집중한다면 기업의 생산성은 치솟을 것이다. 시소디아, 울프, 세스Sisodia, Wolfe, Sheth는 공동으로 집필한 『사랑받는 기업Firms of Endearment』(2007)에서 '인간주의적 성과humanistic performance'라는 기준에 충족되는 28개의 회사를 발굴하여 제시했다. 스타벅스Starbucks와 호울 푸드Whole Foods 등의 기업이 이에 속하는데, 이 기업들은 자사의 직원과 고객들에게 동등한 관심을 기울였다. 시소디아와 그의 동료들은 사랑받는 28개의 기업들을 짐 콜린스(2001)가 제시했던 11개의 '위대한 기업Great Companies'들과 비교했다. 그 결과, 자신들이 연구한 기업들이 콜린스가 언급한 기업들보다 더 많은 성과를 이루어 냈다는 것을 발견했다. 즉, 콜린스가 언급한 기업들이 10년 동안 331%의 성장세를 보인 반면, 시소디아 등이 언급한 기업들은 콜린스가 언급한 기업들이 이룩한 성과보다 3배 이상 많은 1,026%의 재정적 성과를 이룬 것이다.

그러므로 '학교가 추구해야 하는 진정한 가치는 무엇인가? What's Worth Fighting For in Your School?'의 핵심은 목적의식을 갖고 지속적인 배움을 위해 끊임없이 노력하는, 깊이 있는 학교문화를 만들어 가라는 것이다. 이것은 학습을 개선하는 즉각적인 효과를 불러오며, 또한 학교문화를 만들기 위한 여건을 마련해 준다. 모든 리더들은 언젠가는 떠나게 되어 있지만 이는 그 자체로 리더와의 이별을 의미하는 것은 아니다. 중요한 것은 학교문화가 '바람직한 방향을 향해 지속적으로 나아가는 것'이다. 협력적 학교문화를 정착시킨 교장들은 이와 같이 바람직한 방향이 연속될 가능성을 더 높여 줄 것이다. 왜냐하면 그것이 이미 학교문화 속으로 녹아들어 있고, 문화는 강력한 지속성을 갖고 있기 때문이다. 그러므로 문화는 곧 유산이다.

3. 다른 학교나 교육 시스템과 연계하라

학교 내부의 문화를 개선하는 것만으로는 충분하지 않다. 시스템 환경은 언제나 단위 학교보다 훨씬 더 강력한 힘을 발휘하기 때문에 홀로 작동되는 협력적인 학교 경영은 학교문화의 연속성을 약화시키게 된다.

우리가 구성원 상호 간에 협력하면서 배우는 학교를 지지하고, 이른바 '수평적 역량 강화'를 추구해야 한다고 강조하는 데는 두 가지 주된 이유가 있다.

첫째, 교육지원청 차원에서 추진하는 개혁의 성공은 구성원 상호 간에 긍정적인 영향을 주고받는 학교들에 의존하기 때문이다. 만약 각 학교에서 수행한 좋은 사례에 대한 아이디어나 경험을 주고받는 것에 집중한다면, 이러한 아이디어나 경험들은 주변 동료 교장들에게 공유되고 동일시되며, 결과적으로 전체 시스템이

다른 학교와의 연계 워크숍

강화될 것이다.

둘째, 다른 학교들과의 주고받기, 즉 상호 간의 교류는 자신들이 근무하는 학교의 내부적인 발전을 위한 은근한 압력으로 작용하면서 또한 이를 지원하는 밑거름이 되기 때문이다.

만약 개별 학교가 전체적인 시스템이라는 큰 그림을 구성하는 일부가 되지 못한다면, 앤디 하그리브스와 핑크(2006)의 수많은 사례에서 주된 흐름으로 언급되었던 것처럼, 리더십의 계승 문제는 '계획되지 않은 불연속unplanned discontinuity'의 범주를 벗어나지 못할 것이다. 다시 말해서 리더가 또 다른 리더를 무계획적으로 양성하거나, 아예 양성을 하지 않아서 한 사람의 유능한 리더가 떠나고 나면 이후 리더십이 이어지지 못하는 상황이 발생할 수도 있다는 것이다. 미리 예측하고 계획을 해서 리더십의 연속성을 성공적으로 확보하는 것은 학교 리더십이 갖추어야 할 필수품이지만, 쉽지만은 않은 요소이다. 즉, "리더십의 계승과 관련된 계획은 예측에서 벗어날 수도 있으며, 심지어는 아예 계획조차 없는 경우도 있다."[13] 개별 교장들은 그들 자신과 구성원들을 교육지원청의 수평적, 수직적 문화 속으로 통합시킴으로써 자신들이 근무하는 학교에서 학교문화 개혁의 연속성을 북돋울 수 있다.

4. 좋은 평판을 남겨라

행복한 삶과 좋은 평판 남기기는 아주 밀접한 관계가 있다. 조너선 하이트Jonathan Haidt(2006)*는 조심스럽게 『행복의 가설The Happiness Hypothesis』을 제시했다. 그는 행복을 우리들 자신의 내면에서 오는 것도 아니고 외부에서 오는 것도 아닌, 바로 "사이에서 오는 것comes from between"[14]으로 정의했다. 행복이란 우리가 주변 사람들 및 환경과 어떠한 관계를 맺고 있느냐에 따라 그 정도가 결정된다.

*여기서 잠깐!
마이클 풀란은 『행복의 가설』을 인용하면서 그 저자를 '존 하이트John Haidt'라고 했으나 이는 '조너선 하이트Jonathan Haidt'를 잘못 표기한 것이어서 역자가 바로잡아 표기함.

하이트가 언급한 것을 다른 말로 표현하면, 행복은 네 가지 요소의 조합에서 생겨나는 것이다. 그것은 인생에서 의미 있는 애착을 갖게 해 주는 사랑, 의미 있는 일, 몰아적 참여vital engagement＊, 그리고 그에 의해 명명된 '다차원적인 일관성cross-level coherence'을 말한다. 이 중 다차원적인 일관성은 무언가를 위해 공헌해야겠다는 목적의식이 자신이 속한 거대한 문화와 맞물리는 것을 의미한다.

아이러니하게도 리더들은 그들의 이름을 남기려 노력하지 않을 때 불후의 명성을 남기는 경우가 많다. 앤디 하그리브스와 핑크는 다음과 같은 사실을 발견했다. 즉, 리더들은 때때로 세상으로부터 주목받는 것을 좋아하고, 누군가의 후임자가 되는 것을 싫어하고, 거대한 기념물을 세우거나 자신이 후임자를 지명함으로써 불후의 명성을 남기고 싶어 한다는 것이다. 그런데 이 방법은 기억될 만한 하나의 방법은 될 수 있을지언정 결코 좋은 평판을 남길 수 있는 방법은 아니다.

하이트가 정의한 행복은 유산, 즉 학교문화와 완벽하게 들어맞는다. 이러한 특성은 리더들이 즉각적이면서도 지속적으로 유산 남기기에 기여할 수 있도록 해 준다. 만약 개별 리더의 역량에 지나치게 의존한다면, 설령 그 리더가 훌륭하다 하더라도, 그 영향력의 파급효과는 그렇게 오래 지속되지 않는다. 오늘의 권세는 내일의 소멸로 이어진다.

부임 첫날부터 학교문화 만들기에 집중한다면 그것은 현재와 미래 양쪽 모두에 좋다. 오늘 당신이 제대로 된 학교문화를 유산으로 남길 수 있다면 내일은 그 자체만으로도 잘 돌아갈 것이다.

제3장

지혜롭게
이끌어 가라

제3장
지혜롭게 이끌어 가라

나는 피터 힐Peter Hill, 카멀 크레볼라Carmel Crevola와 공동으로 저술한 『돌파구Breakthrough』(2006)에서 최근의 교육개혁 사항들이 교실 상황에 비해 갈수록 뒤처지고 있다고 주장한 바 있다.[1]

수업의 탈사유화脫私有化, De-privatizing teaching*는 교육의 실제를 들여다보고 이를 통해 지속적인 수업의 발전을 이루기 위해 교실 세계를 외부에 공개하고 개방하는 것을 의미한다.

최근 세계적인 컨설팅 회사 맥킨지 앤드 컴퍼니McKinsey & Company에서 발표한 '세계적으로 훌륭한 성과를 내는 학교 운영 시스템'에 관한 보고서에서도 같은 결론을 제시하고 있다.

*여기서 잠깐!

마이클 풀란이 말하는 '수업의 탈사유화'는 수업 공개와 교실 개방을 교사의 사적私的인 영역으로 간주하지 않음을 의미한다. 따라서 특정한 날, 특정 시간에만 수업을 공개하는 일반적인 '수업 공개Open class'보다 더 확장적이며 더 진보적인 개념임을 밝혀 둔다.

훌륭한 성과를 내는 학교들은 수업을 개선하는 것만이 성과를 낼 수 있는 유일한 방법이라고 여긴다. 배움은 교사와 학생이 상호작용을 할 때 효과적으로 이루어진다. 때문에 배움을 개선한다는 것은 수업의 질을 개선한다는 것을 의미한다. 이들 학교들은 코칭, 실질적인 교사 연수, 전문적인 학교 리더 양성, 동료 교사 상호 간에 배우기 등의 해결책들이 수업을 개선하는 데 효과적이라고 받아들였다. 또한 이러한 해결책을 학교 시스템 전체에 퍼뜨리는 방법을 찾아냈다.[2]

지혜롭게 이끌어 가기 위해 무엇을 할 것인가?
- 교육의 '블랙박스'를 열어라.
- 정밀하게 탐구하라.
- 학업성취도와 연계하라.
- 개선 지향적인 학교문화를 만들어 가라.
- 수행과정에서 배우게 하라.

1. 교육의 '블랙박스'를 열어라

이 장에서는 '어떻게 하면 학교장으로서 지혜롭게 학교를 경영할 것인가'에 관한 내용을 다룬다. 그것은 곧 교육의 '블랙박스'를 여는 것이며, 또한 학교가 학생에 관한 것, 교수학습 활동에 관한 것, 학업성취도 향상 등의 학교 개선과 책무성 강화를 위해 데이터를 전략적으로 사용하는 것 등 외부에 알려질 필요가 있는 것들을 선별할 수 있도록 돕는 것이다. 이와 관련된 핵심적인 메시지는 『돌파구』에서도 제시했는데, 그 내용은 다음과 같다.

- 눈에 띌 만한 변화의 성과를 가져오기 위한 개혁의 다음 단계는 교육 개혁의 상징적인 '블랙박스'로 여겨져 온, 교실 수업에 초점을 맞춰야 한다.

－ 학생들의 학습 요구에 부응할 수 있도록 교실 수업을 개선하고, 보다 정확하고 검증된 데이터 중심의 전문가 활동으로 전환하기 위한 과정process, 過程을 채택하는 데 중점을 두어야 한다.

－ 이러한 변화를 위해서는 개혁에 대한 강력한 믿음과 충분한 이해력, 깊이 있는 도덕적 의지, 고도로 개별화된 교실 프로그램을 발전시킬 수 있는 능력 등을 갖춘 진단 전문가가 필요하다.

－ 이러한 개혁을 위해서는 교실, 학교, 교육지원청, 시·도 교육청을 포함한 초·중·고 모든 수준의 학생들에게 매일 변화가 있는 수업을 지원해 줄 수 있는 교육 시스템이 요구된다.

－ 이러한 시스템은 교사들이 일상적으로 구체적인 수업 관련 내용을 결정할 때 도움이 되는 전문적인 지식을 제공하는 데 집중할 것이다. 학생들이 교육과정의 특정 영역에 대해 학습하면서 거치게 되는 바람직한 학습 경로와 우회적인 경로들은 마치 지도地圖처럼 만들어져 '핵심적인 교수학습 경로critical learning

*여기서 잠깐!
CLIP는 마이클 풀란이 자신의 저서 『돌파구』에서 제시한 모형으로, 바람직한 교육 활동이 이루어질 수 있도록 교사의 가르침과 학생의 배움을 체계적으로 조직화하는 데 그 목적이 있다. CLIP는 학생들의 학업 성취도 개선을 위해 ① 학생에 대한 높은 기대 설정하기, ② 교수 활동에 도움이 되도록 학습에 대한 평가 활용하기 ③ 학생들에게 유익한 피드백 자주 제공하기, ④ 배움의 정도를 알려 주는 등 학습에 도움이 되는 교실 토론 활성화하기 등 고효율 전략을 활용한다(Crévola, C., Hill, P., & Fullan, M. (2006). *Critical learning instructional path: Assessment for learning in action.* Orbit, 36(2), pp. 10~14 참조).

교사의 교실 수업

instructional paths(CLIP)'*라는 모델로 확립될 것이다. 그리고
CLIP 모델은 학습에 대해 모니터링을 해 주고, 교실 수업이
나아갈 방향을 제시해 주는 체계framework를 제공하게 된다.

위에서 언급한 다섯 가지 내용에는 매우 많은 지식들이 함축되
어 있다. 그리고 교장은 제1장에서 언급했던 것처럼 교장의 역할
수행을 방해하는, 바이스로 죄는 듯한 엄청난 제약이나 구속으로
부터 스스로가 자유로울 수 있어야 한다. '지혜롭게 이끌어 가기'
는 교장의 역할 중에 핵심이 되어야 한다.

우리는 또한 교육에 있어서 정확하고 분명한 방향성을 요구하는 사회적 필요에 부응하기 위해서 어떤 교사라도 사용할 수 있는 '관행적인' 방법이 아니라, 어느 특별한 날 특정 학생의 요구에 맞추는 것과 같이, 쉬지 않고 계속해서 교수법을 '꼼꼼하게' 개선해 가는 과정을 거쳐야 한다는 점을 주장했다.

뿐만 아니라, 이미 과중한 업무를 안고 있는 교사들에게 이러한 시도들을 한다면 효과적이지 않으리라는 점에 대해서도 논증을 했다. 이 부분이 학교장이 관여할 지점이다. 즉, 교사의 업무를 더 쉽고, 더 효과적으로, 더 보람 있게 만드는 방법을 정확하게 알아내고 실천하는 방식으로 관여해야 한다. 지혜롭게 학교를 이끌어 가는 교장이 많을수록 이러한 목표 달성이 더 용이해질 것이다.

2. 정밀하게 탐구하라

    최근에 교육 리더들은 훌륭한 자료들을 활용함으로써 정밀한 탐구를 할 수 있게 되었다. 『돌파구』에서 언급한 CLIP 모델 이외에도, 마르자노Marzano는 『수업의 기술과 과학*The Art and Science of Teaching*』(2007)에서 '수업을 위한 종합적인 구조'를 제안했다. 또한 블랙Black과 그의 동료들(2003)은 '학습을 위한 평가'를 발전시켰으며, 교수 기법이 변화됨에 따라 학생들을 평가와 학습 활동에 참여시키는 일련의 멋진 전략들을 제시했다. 이러한 연구들은 모두 그 나름대로 중요한 의미를 지니고 있다. 마르자노는 나이Nye와 그의 동료들의 연구(2004)를 인용하면서 다음과 같이 기술했다.

교사의 역량 면에서 볼 때, 상위 25%에 속하는 교사에게서 배운 학생들은 하위 25%에 속하는 교사에게서 배운 학생들보다 읽기와 수학 점수에서 각각 14점, 18점 높은 향상을 보일 것이다. … 상위 10%에 해당되는 교사에게서 배운 학생들은 교사로서의 역량이 중간 정도(50%)에 해당되는 교사에게서 배운 학생들보다 읽기와 수학 점수에서 각각 13점, 18점 높은 향상을 보일 것이다.[3]

'지혜롭게 이끌어 가기'는 모든 교사들의 교육적 효율성을 높은 수준으로 끌어올리는 것을 의미한다. 그런데 이보다 더 중요한 것은 끊임없는 실천과 반성을 통해 그 높은 수준을 유지하게 해주는, 교사들 사이에서의 상호작용을 촉진하는 것이다. 물론 이것은 쉽사리 달성되지 않는다. 지금까지 수많은 예산이 성취기준, 교육과정, 평가, 전문성 개발 등을 위해 사용되었지만, 이러한 해결책들은 교실에 별다른 영향을 미치지 못한다는 사실만을 알게 했을 뿐이다. 교장의 역할이 중요한 이유는 그들이 교육 현장에 있기 때문이다. 만약 교사들의 일상에 영향을 주는 사람이 있다면, 그 사람은 바로 교장이다. 교장은 (혁신부장, 교육기획부장, 교육과정부장, 학년부장, 교과부장 등) 자신이 임명한 교사 리더들을 통해 직접적 혹은 간접적으로 교사들에게 영향을 줄 수 있다.

맥킨지McKinsey의 연구에서는 교육 그 자체에 집중하는 것만으로는 충분하지 않다고 강조한다. 교실 안에서 일어나는 일들을 실질적으로 바꿀 수 있는 방법들을 찾을 필요가 있다. 특히 다음의 세 가지는 교실 안에서 일으켜야 할 변화의 요소이다.

- 개별 교사들은 교사로서 고유의 역할을 수행할 때 자신의 약점이 무엇인지 구체적으로 알 필요가 있다. 대부분의 사례를 살펴보았을 때, 이는 교사가 자신의 수업이나 생활지도 등의 역할 수행과 이를 이끌어 가는 근본적인 사고방식, 이 두 가지 측면의 약점을 파악하는 것을 포함한다.
- 개별 교사들은 수업을 포함한 보다 나은 역할 수행을 위해 정밀한 지식을 습득해야 한다. 일반적으로 이러한 지식은 지금까지 검증된 최고의 수업이나 역할 수행을 실제 상황에서 실연實演해 봄으로써 습득할 수 있다.
- 개별 교사들은 개선을 위한 동기를 부여받아야 한다. 동기부여는 물질적인 인센티브를 바꾼다고 해서 이루어지는 것이 아니다. 개선을 위한 동기는 마음속 깊은 성찰을 통해 가능하다. 높은 기대감을 갖고 있는 교사들은 모두 목적의식을 공유하는데, 무엇보다도 그들이 가르치고 있는 학생들을 변화시키기 위해 자신들의 공동의 역량에 대한 집단적 믿음을 공유

한다.[4]

수업의 탈사유화 이외에도 교사의 교수 활동의 '실행'과 학생들의 배움의 '성과'를 연결시키려는 확고하면서도 명백한 사명감을 지녀야 한다. 특정 상황에서 특정한 역할 수행은 특정 결과를 이끌어 낸다. 그러므로 교장과 교사들은 한 가지 일이 연쇄작용을 일으키듯 또 다른 발전적인 결과를 이끌어 낸다는 사실을 스스로 확신해야 한다. 복잡한 상황에서 형성되는 인과관계는 간단하지가 않다. 그러므로 실행과 성과 간의 타당한 연계를 위한 수많은 논의와 검토가 필요하다.

3. 학업성취도와 연계하라

시간의 흐름에 따라 발생되는 명백한 성과는 학교 경영에서 실행의 기준이 되어야 한다. 우리는 이미 이것을 읽기·쓰기와 산술 능력 향상에 적용해 오고 있다. 제1장에서 언급했듯이, 학교는 다음의 중요도 순서에 따라 이것들을 비교해 봐야 한다.

첫째, 학교는 자신들의 출발점 수준을 참고하여 얼마만큼 성장했는지 자기 스스로 비교해 봐야 한다. 즉, 작년 혹은 재작년과 비교해서 우리 학교의 읽기·쓰기와 수학 실력은 어느 정도 향상되었는지를 알아봐야 한다. 적어도 3년간의 성적을 비교해서 최종적으로 성적이 향상되었는지 저하되었는지, 아니면 정체 상태인지를 판단할 것을 권장

한다.

둘째, 학교는 비슷한 상황에 처해 있는 다른 학교와 성적을 비교해 봐야 한다. 이른바 '사과로 사과를 고찰考察, apples-with-apples consideration'하는 방식이다. 이러한 방식은 공정하면서도 합리적인 것으로, 이를 통해 해당 학교나 학교장은 자신들이 배워야 할 점이나 공유할 가치가 있는 내용들에 대해 알 수 있다.

셋째, 학교는 학업성취도와 관련된 외부의 기준과 비교하여 자신들이 어느 정도의 수준에 도달해 있는지 관심을 가져야 한다. 즉, 교육지원청, 시·도 교육청, 전국 단위와 비교했을 때 100% 목표 달성을 했는지 아니면 평균치에 해당하는지 등을 유념할 필요가 있다.

연구 결과, 우리들은 일단 학교가 성과와 연계하는 방식으로 교육적 개선에 참여하게 되면, 평가 관련 데이터에 대해서도 좀 더 편안해한다는 사실을 알게 됐다. 실제 이들 학교에서는 자신들이 어느 위치에 와 있는지를 알아보기 위해 외부 평가를 잔뜩 기대하기까지 한다. 뿐만 아니라 자신들의 학교 상황을 지역사회나 상부 기관에 설명하는 것에 대해서도 더 편안해한다. 이러한 학교들은 현재 학교에서 무슨 일이 일어나고 있는지, 그리고 그것

의 함축적인 의미가 무엇인지를 알아내는 데에도 그야말로 더 능
숙하고 더 자신감에 차 있다.

4. 개선 지향적인 학교문화를 만들어 가라

교사로서 역할 수행을 정밀하게 하고, 이러한 역할 수행은 물론 그것을 성과와 명백하게 연결하는 것을 지속가능한 학교문화로 정착시키는 것은 매우 어려운 일이다. 그런데 이것은 모든 영역에서 효율적인 조직이 갖는 특징이다. 이러한 문화를 갖고 있는 조직이 매우 적다는 사실이야말로, 조직의 리더로서 그러한 문화를 만들어서 지속시키는 데에 얼마나 많은 노력이 필요한지를 증명해 준다. 필자가 쓴 『변화의 여섯 가지 비밀*The Six Secrets of Change*』 중 하나는 '배움은 바로 일learning is the work'이라는 것이다.[5] 이것은 무엇인가를 개선하기 위한 배움은 매일매일 행해지는 일하는 문화 속으로 녹아 들어가야 한다는 의미이다. 배우는 것은 외부의 워크숍이나 강의로 대체할 수 없기 때문이다. 이 비밀은 주로 정밀함과 배움에 대한 것들이다. 이어지는 이야기들은 필자가 다른 분야에서 찾은, 다소 유사한 사례들이다.

아툴 가완디Atul Gawande는 보스턴에 있는 브리검 여성병원 Brigham and Women's Hospital에서 근무하는 일반외과 전문의이다. 그는 자신의 최근 저서 『보다 더 낫게Better』에서, 효과적인 조직은 그들의 업무에서 '더 나음'을 찾는 동안에도 왜 자신들이 알고 있는 내용을 부지런히 그리고 끊임없이 적용해야 하는지에 대해 아주 분명하게 보여 준다.

아주 간단해 보이는 한 가지 실험 결과를 살펴보자. 의사와 간호사들은 주기적으로 손을 씻는다. 아툴 가완디에 의하면, 매년 200만 명의 미국인들이 병원에 있는 동안 전염병에 감염되고, 그들 중 9만 명이 전염병으로 죽는다고 한다. 동시에 병원 행정가들이 겪고 있는 가장 큰 어려움은 아툴 가완디와 같은 "임상 의사들에게 지속적으로 전염병의 확산을 막을 수 있는 한 가지 행동, 즉 손 씻기를 하게 하는 것"[6]이다. 병원 관련 통계에 따르면 "의사와 간호사들 중 3분의 1에서 2분의 1 정도가 병원 지침에 따라 손을 씻는다"[7]고 한다. 정밀함은 완벽함을 추구하는 것을 의미한다. 결국 가완디의 병원에서 손 씻기 등 손과 관련된 위생규정 준수 비율은 40%에서 70%로 증가했지만, 전염병 감염 비율은 감소하지 않았다. 왜냐하면 손을 잘 씻지 않는 30%의 사람들 손에 여전히 수많은 감염 요인이 있었기 때문이다.

성공적인 조직체들은 '변화를 가져올 수 있다고 파악된 실천 항목들'에 구성원들을 집중시킨다. 가완디의 병원에서는 "손 씻기에 대한 강박관념이 부족한 것을 점차 부적절한 것으로 간주하기 시작했다."[8] 그 결과 지속적인 직원 교육, 손 씻기 시설에 대한 편의성 증진, 그리고 손을 규칙적으로 씻는 것과 같은 간단한 실천을 모니터링하고 개선하기 위해 빈번하면서도 불규칙적인 무작위 선별 검사random spot checks 등을 시행하게 되었다.

가완디는 이 모든 것이 '근면한 습관 기르기', '바르게 행동하기', '업무 추진에서의 정교함' 등이라고 말한다. 비록 끊임없이 실험적 지식을 찾아내려고 하면서도 이 문제만큼은 연구에서 답을 찾지 않는다. 즉, "확실성의 부재不在 속에서 우리는, 맞서 싸우는 의사들이… 항상 맞서 싸우길 원한다는 사실이다. 항상 당신이 할 수 있는 그 이상을 추구해야 한다."[9]

우리는 종종 새로운 기술을 갖는 것이 치료법이 아님을 알게 된다. 가완디가 말한 "성과를 개선하는 유치원 수준의 풋내기 과학"[10]이 좋은 치료법이 될 수 있다. 가완디가 도요타에 관한 글을 썼더라면 좋았을 뻔했다.

5. 수행과정에서 배우게 하라

일본의 자동차회사인 도요타는 성과 개선에서 벗어나 하나의 과학을 완성했다. 제프리 라이커Jeffrey k. Liker와 데이비드 마이어 David Meier(2007)는 공동으로 집필한 『도요타의 인재 경영Toyota Talent』에서 이러한 내용을 상세하게 언급했다. 성과 개선을 위한 도요타식 접근법의 핵심은 어떤 영역에서나 다음의 세 가지 요소로 구성된다.

- 핵심적인 지식critical knowledge을 찾아내라.
- 직무 지도job instruction, 職務 指導를 통해 그 지식을 전파하라.
- 학습에 따른 성공을 입증하라.

라이커와 마이어가 관찰한 바와 같이, "이것은 단기적인 '프로젝트'라기보다는 지속적인 노력을 끊임없이 요구하는 일련의 과정으로서의 '프로세스'이다."[11]

라이커와 마이어는 지속적인 일관성에 관해 중요한 관점을 제시했다. 즉, 중요한 지식들을 찾아내서 표준화하는 것은 단지 조립라인과 같은 기술적인 업무만이 아니라 모든 종류의 업무에 적용된다. 이를 설명하기 위해 그들은 세 가지 사례를 제시했다. 제조업 분야에서 자동차의 범퍼 주형鑄型 제작자, 분주한 병원의 간호사, 입문 단계의 초보 설계기사가 그것이다. 핵심 메시지는 보편적인 적용 가능성이 있느냐는 것이다. 즉, 일관성과 혁신은 함께 갈 수 있을 뿐만 아니라, 함께 가야만 한다. 그리고 그것은 맥락 속에서 잘 조직화된 학습에 전념함으로써 성취할 수 있다.

나는 라이커와 마이어가 연구한 세 가지 사례의 기술적인 세부 항목을 조목조목 따지지는 않을 것이다. 하지만 그러한 경우에 어떤 변화가 일어나고 있는지에 대해서는 알아볼 필요가 있다. 라이커와 마이어는 이렇게 말했다.

"도요타는 우리가 봐 왔던 다른 회사들에 비해, 작업 방법을 구체화하고 근로자들의 역량을 개발하기 위해 다섯 배나 많은 시간을 할애하는 것으로 추정된다. 만약 서비스, 건강관리, 생산 조직 측면에서 도요타와 다른 조직체 간의 가장 큰 차이점 한 가지를 말하라고 한다면, 도요타 직원들의 자기 업무에 대한 '깊이 있는 이해'를 꼽을 수 있을 것이다."[12]

업무 수행과정에서 일관성에 집중하는 것이 창의성을 저해하지 않느냐는 물음에 라이커와 마이어는 도요타가 '아무 생각도 없는 순응mindless conforming'보다는 '의도적인 마음챙김intentional mindfulness'*을 키워 가고 있다고 응답한다. 그들은 도요타가 창의성, 생각하는 능력, 문제 해결 능력 등에 매우 높은 가치를 둔다는 것을 발견했다. 그 어느 것도 고정된 것은 없다. 즉, 업무 수행

---

*여기서 잠깐!

'마음챙김'은 'mindfulness'라는 영어 단어를 우리말로 옮긴 것인데, 원래 불교 수행 전통에서 기원한 심리학적 구성 개념으로, 현재 순간을 있는 그대로 수용적인 태도로 자각하는 것을 말한다. 미국 하버드대학 심리학자 엘런 랭어Ellen Langer 는 마음챙김을 "가장 목소리가 크고 명백하며 절대적이고 선언적인 주장들에 주의를 빼앗기는 것이 아니라, 자신의 주의를 변함없이 유지함으로써 달성하게 된 유연하고도 늘 숙고하는 마음 상태"로 정의한다. 그는 마음챙김을 기반으로 한 '마음챙김 학습mindful learning'의 필요성을 역설하는데, 예컨대, 마음챙김 교육을 받은 노인들은 그렇지 않은 다른 노인들보다 장수하는 것으로 나타났다고 한다. 랭어는 마음챙김의 반대로 "아무런 의식적인 노력 없이 자동적으로 흘러가는 심리적인 상태"를 말하는 'mindlessness(무심함 또는 멍한 마음 상태)'를 제시한다. 그는 '무심함'에서 '마음챙김'으로 전환하면 창의적이고 목적이 있으며 진취적인 삶이라는 르네상스를 맞이할 가능성이 있다고 주장한다(강준만, 『왜 미국인들은 마음을 챙기는 일에 열광하는 걸까?』, 인물과사상 편집부 편, 인물과 사상, 2016년 1월호 참조).

이 이루어지는 동안 흔히 부딪히는 오류를 발견해서 수정할 것인 지, 개선을 위해 새로운 방안을 개발할 것인지에 대한 지속적인 학습이 이루어진다.

그러므로 교장들은 효율적이라고 알려진, 그래서 '협상 불가' 상태에까지 이른 역할 수행에 대해 끈질긴 일관성을 촉진시켜야 한다. 우리는 이 점에서 교장들이 더 적극적일 필요가 있다고 본 다. 동시에 창의성과 문제 해결 능력도 학교문화에서 가치 있게 다루어져야 한다. 효율적인 역할 수행의 일관성과 그에 따른 지속 적인 개선은 확실히 상호 불가분의 관계에 있다.

최고의 연구는 핵심적인 교수 리더십이 얼마나 학생들의 배움 을 개선하는지를 확인하는 것이다. 뉴질랜드 오클랜드대학의 비 비안 로빈슨Viviane Robinson과 동료들은 학교 리더십과 학생의 학 업성취도의 관계에 대한 전 세계에 걸친 연구를 진행했다.[13]

로빈슨과 그녀의 동료들은 '최고의 증거 자료들을 종합한' 높은 수준의 방법론을 이용하여 다음과 같은 결론에 도달했다. 즉, 학 교가 지녀야 할 학업에 대한 사명감과 그것을 지원하는 학교문화 와 학교의 일상적인 모습을 확립해 가는 데 가장 밀접하게 관여 하는 리더십을 '교수 리더십instructional or pedagogical leadership'이라 하고, 열정을 북돋우는 비전을 통해 직원들에게 영감을 주고 공 동의 목표를 향해 협력적으로 일하도록 용기를 북돋아 주는 리더

십을 '변혁적 리더십transformational leadership'*이
라고 할 때, 학생들의 학업성취에 3배나 더 많
은 영향을 주는 것은 그 유명한 '변혁적 리더
십'이 아니라 '교수 리더십'이라는 것이다.[14] 교
수 리더십 혹은 수업 지도성은 구체적이고 목
적이 분명한 방책이다.

좀 더 자세히 들여다보면, 적절한 교육 활동
에 영향을 미치는 공식적 또는 비공식적 자료
활용 학습에 교장이 교사와 함께 직접적으로
참여하며 발전을 도모했을 때 발생하는 '효과
의 크기'는 그 어떤 리더십 차원보다도 2배 이
상의 힘을 발휘한다. 다시 한번 짚고 넘어가지

*여기서 잠깐!
　변혁적 리더십이라는 용
어는 미국의 정치학자 제
임스 맥그레거 번스James
MacGregor Burns가 1978년
처음 사용했다. 변혁적 리
더십의 초점은 인간의 잠
재능력을 각성시키고, 매슬
로Maslow의 욕구 계층이론
상 상위 욕구를 충족시키
며, 동기를 부여하여 고도
의 사명감을 가지고 업무
를 수행하도록 지도자와 구
성원의 기대를 고조시키는
데 있다. 이것은 단기 성과
를 강조하고 보상으로 부하
의 동기를 유발하려는 거래
적 리더십과는 차이가 있다
(전용환, 『교육 리더십』, 동문
사, 2010, pp. 189~190 참조).

만, 『돌파구』[15]와 『변화의 여섯 가지 비밀』[16]에서 언급했던 것처럼
눈에 띄는 교육의 변화를 이끌어 내려면 정밀한 지식이 동원되어
야 한다.

정말 중요한 것은 로빈슨과 동료들이 자신들의 '연구 결과물들'
을 발표하고 있다는 점에 주목하는 것이다. 늘 그렇듯이 이 책은
'실천 혹은 행동'에 관한, 좀 더 어려운 작업이다. 아는 것보다 더
중요한 것은 실천하는 것이다. 이 책의 제6장에 제시된 행동을 위
한 지침들의 진정한 의미는 '아는 것과 행하는 것'을 통합하는 것

으로, 이는 '추구해야 하는 진정한 가치는 무엇인가'라는 논제의 핵심이기도 하다.

요약하면, '지혜롭게 이끌어 가기'는 모든 고효율 조직체의 근저를 이루는 핵심 요소이다. 이것을 위해 노력하는 것은 가치가 있다. 왜냐하면 성취하기가 정말 힘들고 아직까지는 필수적인 일이기 때문이다. 또한 지혜롭게 이끌어 가기는 정말 분투적으로 노력하는 리더fighter를 필요로 한다. 지식은 말 그대로 변화의 실체이다. 지식은 모든 성과의 수단을 의미한다. 학교장은 현장에서 가장 가까운 곳에 위치한 리더이기 때문에 변화의 실체인 지식을 탐구하는 것을 학교의 다른 구성원들에게 떠넘겨서는 안 된다. 그렇게 함으로써 지식이 학교 업무의 가장 중요한 위치에 있다는 것을 확실하게 해야 한다.

제4장

학습공동체를 선도하라

제4장
학습공동체를 선도하라

우리는 이미 제2장에서 협력적 학교문화와 관련된 '유산遺産'에 대해 논의를 하면서, 그리고 제3장에서 '지혜롭게 이끌어 가기'를 이야기하면서 학습공동체를 이끌어 가는 문제에 대해 부분적으로 언급한 바 있다. 이제 더 많은 현장의 사례를 통해 학습공동체가 실제 어떻게 운영되고 있는지 핵심적인 요소들을 좀 더 분명히 밝히고자 한다.

학습공동체 이끌어 가기에 관한 연구 성과는 한동안 상당 부분 축적되었다. 이와 관련하여 실행에 옮길 만한 가치가 있는 것은 무엇일까?

학습공동체 선도하기, 어떻게 할 것인가?

– 지식 기반을 구축하라.

– 실행 기반을 마련하라.

1. 지식 기반을 구축하라

지금으로부터 약 25년 전쯤에 주디스 리틀Judith Little(1981)은 교사와 교장이 의미 있는 개혁을 달성하기 위해 어떻게 서로 협력적으로 일해야 하는지에 대해 훌륭한 사례를 제시했다.

학교의 개선은 교사들이 빈번하게, 계속해서, 점점 더 구체적이고 명확하게 실제적인 교수 활동에 관한 '논의'에 참여할 때 더욱 분명하고 철저하게 성취되는 것이다. (이러한 논의는 학생과 그들 가족의 특이한 점이나 실패에 대한 이야기, 학교에 대한 사회의 적절하지 않은 요구 등에 관한 이야기와는 구별된다.) 이러한 논의를 통해 교사들은 복잡한 교수 활동에 적합한 어법들을 서로 공유하게 되고, 하나의 교육 활동과 그 장점을 또 다른 교육 활동으로부터 구별할 수 있게 된다.

교사들과 학교의 교육행정가들administrators은 빈번하게 서로의 수업을 관찰하고, 각자의 수업에 대해 서로 유익한 (어쩌면 깜짝 놀랄 수도 있는) 평가를 제공한다. 오직 이러한 관찰과 피드백만이… 교수 활동에 대한 논의를 유익하게 만드는 꼼꼼함과 구체성을 제공한다.[1]

15년 후에 크루제, 루이, 브리크Kruse, Louis, Bryk(1995)는 전문가 학습공동체에 관한 연구에서 간단명료하게 이와 비슷한 사례를 제시했다. 그들은 효과적인 전문가 학습공동체를 강화하는 다섯 가지 중요한 요소를 다음과 같이 제시했다.[2]

- 성찰적인 대화를 하라.
- 제반 교육적 실천을 탈사유화하라.
- 학생들의 학습에 대해 공동의 관심을 가져라.
- 공동으로 연구하라.
- 규범과 가치를 공유하라.

그리고 나서 그들은 두 가지 필수 조건을 제시한다. 첫 번째 조건은 '구조적인 것structural'으로, 특히 만나고 이야기하는 시간, 가

전문가 학습공동체 활동

르치는 역할들의 상호의존성, 의사소통 구조 등이 여기에 해당된
다. 두 번째 조건은 우리가 흔히 '문화'로 지칭하는, '사회적, 인적
자본social and human resources'에 관한 것으로서 학교문화 개선에
관한 열린 마음, 신뢰와 존중, 기술 기반, 지원적 리더십, 새 직원
과 기존 직원 간의 학교문화 공유 등이 이에 해당된다.

　일찍이 수전 로젠홀츠Susan Rosenholtz(1989)는 '정체된 학교stuck
schools'와 '역동적인 학교moving schools'의 차이점을 기술하는 과정
에서 전문가 학습공동체의 중요성을 강조했다. 그녀는 전자를 '배
움이 빈약한 학교'로, 후자를 '배움이 풍성한 학교'로 특징지었으

며, 두 종류의 학교를 비교 분석했다. 로젠홀츠가 분석한 '정체된 학교'의 특징은 다음과 같다.

> 정체된 학교는 어떤 일이나 사람에 대한 애착의 정도가 낮다. 교사들은 공동체 의식의 공유보다는 자신만의 정체성 혹은 독자성에 더 많은 관심이 있는 것처럼 보인다. 교사들은 자신들이 맡은 업무의 본질에 관한 내용을 계획적으로 배우지 않고 개인적인 본능에 따라 무계획적으로 배우는 경향이 있다. 또한 학생 관리 방식, 특히 학생들의 품행 관리에 대한 지도 방침을 공유하지 않음으로써 교사의 관심이 필요한 절대다수 학생들이 점점 증가하는 현상을 보인다. 교사들은 좌절, 실패, 권태나 지루함 등에 대해 주로 이야기를 하고, 이러한 부정적인 태도를 교사 자신들이 불평했던 바로 그 학생들에게 그대로 전달하는 형태를 취한다.[3]

반대로, 로젠홀츠는 '역동적인 학교'의 특징을 다음과 같이 묘사했다.

> 교사들은 상호 간에 전문적인 지원technical assistance을 요구하기도 하고 제공하기도 한다. 또한 교직원들은 학생들의 행동

에 일관된 기준을 적용하고, 교사들은 학생과 학부모에게 불만을 표시하는 경우가 적다. 게다가 교사들은 협력적이고 학부모들을 학교 교육에 참여시키며 학생들의 교육적 성장에 대한 정보를 지속적으로 제공한다. 교장과 교사들은 학생들의 행동에 일관된 기준을 적용하기 위해 협력적으로 일하고, 교사들은 학생, 학부모, 교장과 교감, 동료 교직원 및 교사 자신으로부터 긍정적인 피드백을 받음으로써 자신들의 성취를 자축한다. 그들은 전반적으로 교육에서의 전문가 문화technical culture 형성을 바람직하다고 생각하며 수업과 생활지도 등 그들의 교육적 실천에 대해 확신을 갖는 경향을 보인다.[4]

위 연구 결과들은 몇십 년 동안 의미 있는 것으로 여겨져 왔다. 하지만 그 성과를 실제 학교 현장에 적용하려는 움직임은 그리 많지 않았다. 크루제와 동료 연구자들은 1995년에 이러한 내용을 제안했다.

"학교 안의 전문가 학습공동체는 1960년대 이후의 수많은 교육 개혁 노력 중에서 그다지 중요하지 않은 영역으로 간주되어 왔다. 그런데 이제는 전문가 학습공동체가 개혁가들 사이에서 '부차적인 속삭임'이 아니라 '개혁의 중심을 이루는 함성 혹은 슬로건'으로 다뤄져야 할 시점이 된 것 같다."[5]

1960년대 이래 40여 년 동안 대체로 무시되었던 전문가 학습공동체를 통해 우리가 함께 얻고자 하는 바로 그 지식knowledge이 이제야 진지하게 받아들여지고 있다. 물론 이와 관련된 새로운 노력들이 상대적으로 깊이가 없다는 지적이 있긴 하지만 말이다. 하지만 이제 적어도 주사위는 던져졌고 게임은 시작되었다.

2. 실행 기반을 마련하라

우리는 5년 전부터 토론토 인접 외곽에 위치한 요크교육지원청 York Region District School Board과 함께 연구를 진행해 왔다. 요크 지역은 151개 초등학교와 30개 고등학교(9~12학년 재학)가 있는 다문화권 지역으로, 여전히 성장하고 있는 큰 도시*이다. 최근 많은 이민자들이 이 지역으로 모여들고 있는데, 이들의 모국어는 영어가 아니어서 학교 내에서 100개 이상의 각기 다른 언어가 사용되고 있다.

요크 지역은 읽기·쓰기와 산술능력 향상에 우선순위를 두고, 그 목표 달성을 위한 주요 수단으로 학교 내에서는 물론 모든 학교에 걸쳐

*여기서 잠깐!
요크교육지원청은 캐나다 온타리오주에서 세 번째로 큰 교육지원청이며 주州 단위 학생평가에서 항상 평균 이상의 성적을 거두고 있다. 2018.1.1 현재, 요크교육지원청은 초등학교 174개와 고등학교 32개를 관리하고 있으며, 전체 학생이 123,000명이 넘는다. 더 자세한 사항은 요크교육지원청 누리집(http://www.yrdsb.ca) 참조.

협력적 문화를 활용하고 있다. 실제로 이 전략을 '기초 문해 협력 교육The Literacy Collaborative'이라 부른다.

사실상 요크 지역의 모든 학교가 읽기·쓰기와 산술능력 향상에서 발전을 보여 왔으며, 우리는 요크 지역 전체에 걸친 개혁 노력에 대해 자세하게 기술해 왔다.[6] 이 가운데 초등학교 1개교와 고등학교 1개교에서 실천해 온 사항들을 특별한 사례로 소개하고자 한다.

가. 효과적인 협력 사례 들여다보기

저지공립학교Jersey Public School는 다문화적 요소를 지닌 규모가 큰 초등학교다. 주州 단위, 즉 시·도 교육청 단위의 독립 기관인 '교육의 질 및 책무성 관리 본부The Education Quality and Accountability Office'에서는 매년 일선 학교 학생들을 대상으로 평가를 실시하는데, 협력적 개혁 노력이 시도되기 이전 시기인 2001~2002년에 저지공립학교의 읽기, 쓰기, 수학 점수는 50%를 훨씬 밑돌 정도로 침체 상태에 빠져 있었다. 특히 학생들의 쓰기 능력 개선에 초점을 둔 이 학교는 다음과 같은 두 가지 기본적인 질문으로 개혁을 시작했다.

저지공립학교Jersey Public School

- 열심히 노력하는데도 학생들의 쓰기 능력이 향상되지 않는 이유는 무엇일까?
- 쓰기 능력 향상을 위해 정말 열심히 노력하는 학습자들의 요구에 좀 더 효과적으로 대처하려면 가르치는 방식을 어떤 식으로 바꾸어야 하는가?(모든 인용 자료는 저지공립학교의 2007년 자료에서 발췌한 것임.)[7]

여기서 말하는 협력적 학교들은 학교의 개선을 위해 정밀함과 집중도를 높인다는 것을 알 수 있다. 정밀함과 집중도는 말 그대로 모든 문제에 걸쳐 있다. 저지공립학교는 다음과 같은 질문들에 대해 살펴보기 시작했다.

- 어떻게 하면 학생들의 참여도를 높여서 쓰기 실력을 향상시킬 수 있을까?
- 학생들의 참여는 어떤 모습이며 어떤 의미일까? 학생들의 참여를 이끌어 내고 이를 유지시키는 쓰기 수업을 어떻게 설계하고 모형화하여 공유할 것인가?
- 어떻게 하면 저지공립학교에서 추진하는 '교실 안에서의 협력'이 더욱 깊이 있게 성장할 수 있도록 지원할 수 있을까?

이러한 질문들은 교장과 학교 리더십 팀school leadership team이 주도적으로 방향을 설정함으로써 더욱 구체화되었다. 방향 설정 자체가 마치 길을 안내해 주는 '도로 표지판Road Signs'과도 같은 역할을 해 주었기 때문이다.

- 명백한 학문적, 사회적 목표의 중요성을 깊이 있게 이해하라.
- 실질적인 목표를 갖고 실제 독자들을 대상으로 글을 쓸 때 학생들이 어떻게 긍정적으로 반응하는지에 대해 더욱 분명하게 이해하라.

- 쓰기 활동이 이루어지는 동안에, 목표로 삼은 효과적인 피드
백을 제공하는 방안을 끊임없이 강조하라.

연구가 진행되면서 저지공립학교 교직원들은 한층 더 어려운
질문에 봉착했다. 그것은 "어떻게 하면 학교문화 안에서 이러한
과정process들을 발전시켜 나가는 데 도움이 되는 시간, 의지, 신
뢰를 만들어 낼 수 있나?" 하는 문제였다. 자신들의 연구 내용에
대해 잘 알고 있는 학교 직원들은 리처드 엘모어(2004)의 다음의
연구 결과를 근거로 삼았다.

"전문가로서의 성공적인 성장은 학교 밖에서보다는 학교와 교
실을 배경으로 일어나기 쉽다. 또한 실제 수업을 관찰하는 개별
교사나 소그룹들이 하는 일과 관련되기 쉽다."[8]

이러한 관심이 세부적인 사항에까지 영향을 미칠까? 이 물음
에 대한 답은, 다음 표에 제시된 3학년 학생들의 읽기, 쓰기, 수학
점수를 통해 알 수 있다.

저지공립학교의 기초학력 점수
(시·도 교육청 단위 평가에서 3학년 학생들의 학업성취도 비율)

연도	읽기	쓰기	수학
2001~2002	36	36	51
2005~2006	60	60	80

　그렇다면 많은 사람들이 협력적 학교문화에 영향을 받지 않는다고 생각하는 고등학교의 경우에는 어떨까? 요크 지역에 있는 손힐고등학교Thornhill Secondary School는 전형적인 대규모 학교이며, 학생들의 인종 구성이 매우 다양하다. 이 학교가 학생들의 기초학력 100%를 어떻게 달성하는지를 살펴보자. 온타리오주는 16세 내외의 10학년 학생들을 대상으로 '온타리오 고등학교 독해·작문 시험Ontario Secondary School Literacy Test: OSSLT'이라 불리는 언어능력시험을 실시한다. 물론 모든 학생은 이 시험에 의무적으로 응시해야 하고, 고등학교를 졸업하기 위해서는 반드시 이 시험을 통과해야 한다. 첫 번째 시험에서 낙제할 경우에는 다시 한번 응시할 수 있다.

　지역 내 전체 181개 학교와 마찬가지로 손힐고등학교는 매년 학습 박람회Learning Fair에서 1년간의 성취 정도를 발표한다. 이 학습 박람회는 교육적 성과를 축하하고 더 나은 발전을 촉진하기 위해 매년 6월에 개최된다. 손힐고등학교의 발표 내용을 자세히 들여다보면, 학업성취도 향상을 위한 실행 과정에서 지속적으로 엄밀한 조치가 취해졌음을 알 수 있다. 2006년도의 경우, 언어능력시험에 응시한 10학년 학생 중 88%가 이 시험에 통과했다. 학교 측에서는 시험에 탈락한 학생 41명의 이름과 프로필을 알고 있었다. 이들 가운데 남학생이 27명, 여학생이 14명이었고, 영어가

손힐고등학교Thornhill Secondary School

제2언어인 학생이 24명이었다. '이미 시험을 통과한' 학생들과 두 번째로 시험에 응시하거나 시험을 연기한 학생들에게서는 공통적으로 몇 가지 유사한 항목들이 발견되었다. 영어를 제2언어로 사용하는 16명 가운데 11명이 시험을 통과하지 못한 것이다.

우리는 연구 중에 몇 가지 해결책을 발견했다. 부분적으로는 항목들 간에 중복이 되기도 하지만 그 해결책은 다음의 다섯 가지로 정리할 수 있다.

- 영어를 제2언어로 사용하는 ESL 학생들을 위한 방과 후 문해

교육 프로그램 운영

- 언어능력시험의 합격 기준에 도달하지 못한 11~12학년 학생
  들을 위한 소규모 워크숍
- 가르치는 교과목에 상관없이 손힐고등학교 모든 교사들이 운
  영하는 10학년 학생들을 위한 문해교육 집중 지도
- 큰 성공을 거둔 '읽기·쓰기 및 산술능력 향상을 위한 또래집
  단 활용Peer Literacy and Numeracy Team(PLANT)' 프로그
  램, 즉 11~12학년 학생 중에서 선발된 학생들이 훈련을 받은
  후, 언어능력시험에 통과하지 못한 채 노력하고 있는 부진 학
  생들의 학습을 개별적으로 지원함(이 프로그램은 과학 과목까
  지 확대됨)
- 개인 교습을 하는 교사들을 위해 기초 문해교육 전략 안내

여기에서 모든 프로그램들은 끊임없이 평가를 통해 개선된다.
예를 들면, 가르침과 배움을 경험한 교사와 학생들에게 설문을
실시하여 문해 집중교육이 얼마나 잘 운영되었는지, 어떻게 개선
될 수 있는지를 묻는다. 해당 수업을 놓친 학생들은 개별적으로
문해교육 담당 교사나 학교장 등 학교 경영자를 만난다. 학생들
은 그들로부터 처벌이나 비난 대신에 어떻게 하면 수업에 적극적
으로 참여할 수 있을지에 대해 상담을 받는다. 또한 학생들을 대

상으로 편안하게 수업에 참여하는지에 대한 설문조사를 실시하여 결과에 따라 조치를 취하고, 학생들이 다른 사람으로부터 낙인찍히지 않도록 배려한다. 그 결과 대다수의 학생들이 문해교육 수업을 좋아했고, 그 수업의 가치를 인정하며 고마워했다.

손힐고등학교는 각 단계에서 더 나은 성장을 위해 노력함과 동시에, 자신들의 성과를 교육지원청 관내 전체 30개 학교의 평균 및 시·도 교육청 단위의 평균과 비교한다. 그리고 학생들을 대상으로 독해·작문 시험OSSLT의 네 가지 요소를 더 잘 이해하게 되었는지를 파악하기 위해 설문조사를 실시하는데, 네 가지 요소는 다음과 같다.

- 글을 읽고 선다형 문제 풀기
- 짧은 글 및 신문 기사 쓰기
- 글을 읽고 단답형 문제 풀기
- 문장으로 제시된 지시문 가운데서 틀린 곳(혹은 적절한 것) 골라 쓰기

'읽기·쓰기 및 산술능력 향상을 위한 또래집단 활용 프로그램PLANT'과 관련해서 손힐고등학교는 학생들을 대상으로 두 가지 내용에 대해 설문조사를 실시한다. 첫째는 '위험 요소가 없

는' 동료 교습자tutor와 동료 학습자tutee 사이의 라포르rapport 형성에 관한 내용이며, 둘째는 '안전한 학습'을 위한 환경에 관한 내용이다.

저지공립학교와 손힐고등학교의 개선 전략에 특별히 대단한 것은 없다. 그들의 개선 전략은 간단하면서도 매우 체계적이며 철저할 뿐이다. 무엇보다도 중요한 사실은 개선이 이루어지는 동안에 리틀Little, 크루제Kruse, 로젠홀츠Rosenholtz, 풀란Fullan 등과 같은 교육 전문가들로부터 어떠한 형태의 아이디어나 실천 결과, 분석 등을 제공받지 않았다는 점이다. 얼마나 실천을 했고, 왜 실천했는지, 그리고 실천의 다음 단계는 무엇인지 등 점진적인 변화를 보이는 이론들에 대해 긍지를 갖고 신중하게 설명한 사람은 외부 전문가가 아닌, 그 학교의 교장과 교사들이었다. 짐작할 수 있는 바와 같이, 학생들의 학업성취도 향상 노력 등 학교 개선을 위한 노력이 이루어질 때 전문가 학습공동체는 현장에서 가장 중요한 위치를 차지하게 된다.

나. 공동 연구를 촉진하기 위한 학교장의 역할 재정립

전문가 학습공동체를 성공적으로 이끌어 가기 위한 최선의 방법은 교장 스스로 다음 세 가지의 중요한 업무를 실천하는 것이다.

첫째, 학교장 역할 중에서 가장 본질적인, 교실 수업을 개선하라.

둘째, 학교 시설, 재정, 교원 인사, 구성원들의 건강과 안전, 행정
　　적 요구 사항에 대처하기 등 행정적이면서 관료주의적인
　　업무를 다른 사람들에게 어떻게 위임할지 분명하게 표현
　　하라.

셋째, 수업 등 교수 활동과 관련된 업무는 반드시 분배 리더십
　　distributive leadership을 통해 이행하도록 하라.

이들 각각의 우선순위에 대해 구체적으로 살펴보자.

첫째, 교장은 학교 경영에서 모든 동력의 초점을 가르침과 배움에 두어야 한다. 그런데 이러한 당위성과 달리 실제로 교장들은 선택적으로 행동할 수 있다. 우리는 프라이스워터하우스쿠퍼스PriceWaterhouseCoopers의 연구(2007)를 통해 상당수의 교장들이 행정적인 업무를 처리하는 데 시간을 보내는 반면(교육 시스템이 이러한 문제를 더 악화시킬 수 있다), 소수의 교장들만이 가르침과 배움에 우선순위를 둔다는 것을 알 수 있었다.[9] 가르침과 배움을 우선순위에 두려면 아래 제시된 여섯 가지 결정적인 요소들을 반영해야 한다.

- 적은 수의 의욕적인 교육 목표를 선택해라. 초등학교의 경우, 읽기·쓰기 및 산술, 그리고 이와 연관된 긍정적인 부수 효과들이 해당된다. 고등학교에서도 기초 문해능력이 포함되나, 기본적으로는 학생들이 자신들의 요구를 충족시켜 주거나 자극해 주는 선택 학습 과정에 참여하면서 만들어 가는 개별 학생들과의 인간적인 관계 형성이 교육 목표로 다루어져야 한다.

- 수업과 관련된 활동에 열정적으로 임하라. 즉, 가르침과 배움의 실행 과정에서 성공의 비밀은 각각의 모든 교실 안에 있음을 명심하라.

- 모든 교사가 학생들의 개별적인 학습 욕구에 맞는 적절한 교육적 대응을 할 수 있도록 매일 '학습을 위한 평가' 방법을 수립하라.

- 모든 교사들로 하여금 교내 다른 교사들의 배움 활동에 도움을 주고, 또한 자신도 다른 교사들로부터 배워야 한다는 규범을 마음속에 간직하게 하라.

- 관내 다른 학교나 다른 직업인 등 학교 밖 자원으로부터 배우고, 또 학교 밖 자원에 기여하는 것까지를 아우를 수 있도록 학습의 개념을 확장하라.

- 예산, 전문가 학습, 회의, 학교 안팎으로의 소통 등 모든 주요

요소들을 앞서 제시한 다섯 가지 요소들의 논점에 맞출 수 있도록 노력하고 조정하라.

둘째, 교육의 핵심에 근접할 수 있는 중요한 요소는 갈수록 커져 가는 '행정상의 요구 사항managerial demands'들을 어떻게 다룰지를 생각해 내는 데 있다. 만약에 행정상의 요구들을 잘 해결하지 못한다면, 교육에 관한 주요 의제에 결정적인 혼란을 줄 수 있다. 이러한 문제들을 잘 다루기 위한 첫 번째 방법은 교장들이 '교육 시스템'에 의존하지 않고 행정적 요구 사항들을 제대로 이해하는 것이다. 잠시 동안은 시스템 탓을 할 수 있겠지만, 대부분의 문제는 스스로의 행동에서 기인된 것이다. 즉, 교장들은 지금껏 자신들의 교육적 전문성에 정통했거나 그것을 함양하기 위해 꾸준히 노력한 적이 없었다. 당연히 교육적인 이슈들과 거리가 멀어진 교장들은 좀 더 구체적이고 실체가 있는 '단순·관리적 업무operational tasks'에 끌리게 되었던 것이다.

교장은 교사들에게만 전문성을 갖추라고 요구할 것이 아니라, 스스로를 위해서도 교육의 전문성 함양을 우선순위에 두고 지속적인 노력을 기울여야 한다. 교장은 자신이 추구해야 하는 것들의 우선순위를 정해 둘 필요가 있다. 이 책 제목의 일부이기도 한, '추구할 만한 가치가 있는 것What's worth fighting for'은 개인적인 실천에 관한 것이다. 따라서 내가 전하고자 하는 중요한 메시지는, 학교에서 수업을 가장 핵심적인 급선무로 삼는 것은 우선적으로 학교장 각자의 책임감에 달려 있다는 것이다. 다시 말해서, 학교장은 교육 시스템이 어떻게 돌아가든 상관없이 항상 수업을 최우선에 두고 이를 위해 분투해야 한다.

사실 교육 시스템은 실제로 학교를 경영하는 데 많은 도움을 주기도 한다. 내가 그동안 언급해 온 학교문화에 대한 모든 것들은 그 지역의 교육지원청에 엄청나게 영향을 미친다. 교육지원청 전체에 걸친 문화가 수업을 우선시하게 되면, 그 문화는 이에 맞춰서 전문가 학습을 위한 예산을 배정하고, 학교를 위한 역량 강화 활동에서 중추적인 역할을 하게 된다. 이러한 교육지원청은 결국 교육적인 의제 중심으로 행동하는 교장들에게 호의적인 반응을 보이고 잘 지원하는 반면, 행정 모드the managerial mode에 머물러 있는 교장들에겐 참을성을 발휘하지 못한다.

학습공동체 운영에 중점을 두는 교장은 실제적으로 행해지는 행정적, 단순·관리적 업무에서 벗어나 어떻게 학교를 효율적으로 운영할 것인지를 생각해 내야 한다. 많은 양의 관료주의적 요구사항들은 학교의 전문적인 행정직원들에 의해 처리될 수 있다. 교장과 이들 행정직원을 제외한 리더십 팀the leadership team(예를 들어 교육기획부장, 교육과정부장, 혁신부장, 생활인권부장, 학년부장 등)은 규율, 행동규범과 같은 영역에서 특별한 책임을 떠맡을 수 있다.

실무 관리자business manager로서 새로운 역할을 수행할 수 있는 사람들을 선발, 훈련하여 리더로 양성하는 것은 개선을 위한 강력한 발걸음임과 동시에 시스템이 담당해야 할 책무이기도 하다. 영국은 학교 경영관리 영역에서 자격증과 학위를 주는 '국립교장 양성연수원National College for School Leadership'을 운영하고 있다. 해당 연수원에서 외부에 의뢰하여 실시한 최근의 연구 결과에 따르면, 고등학교 실무 관리자들은 학생 1인당 15달러의 비용을 절약하고, 전체적으로 학습 관련 예산을 학생당 100달러 증액했다. 또한 초등학교 실무 관리자들은 평균적으로 학생 1인당 30달러의 비용을 절약하고, 학습 관련 예산을 학생당 120달러 증액했다.[10] 좀 더 작은 교육지원청은 한 명의 실무 관리자가 3~4개 학교를 담당할 수 있다. 실무 관리자 운영 방안과 관련해서 다양한 대안들을 생각해 볼 수 있다. 예를 들어, 추가적인 재원을 제공하거나 이 역할을 수행하는 교감을 연수시키는 방안들이 그것이다. 하지만 상황이 어떻든 간에 학교 차원에서 행정적 업무에 대해 면밀하게 검토하여 실질적으로 대응하는 것이 절실히 필요하다.

교장은 지금껏 대다수 사람들이 해 왔던 것보다 훨씬 더 많은 일들을 위임할 수 있다. 그리고 가까운 미래에 교육 시스템은 최선의 선택을 하게 될 것이다. 즉, 교육 시스템은 결국 학교 실무 관리자들을 선발하고 훈련시켜 자격에 대한 인증을 해 줌으로써, 인증을 받은 실무 관리자에게 모든 인적자원, 재정, 학교 부지 관리, 건강 및 안전 문제 등을 다루게 할 것으로 판단된다. 이에 관해서는 제6장에서 더욱 강력하게 제안할 것이다.

교장이 학습공동체를 새롭게 만들 수 있는 세 번째 방법은 '분배 리더십'을 통해서인데, 애매모호한 표현이기 때문에 나는 이 표현을 더 이상 쓰지 않을 것을 제안한다. '미래 리더로의 성장을 촉진하는 오늘Growing tomorrow's leaders today'이라는 표현이 더 알기 쉬울 것 같다. 리더십은 분배되지 않고 상호작용을 하면서 공유되는 것이다. 그렇게 함으로써 구성원들의 협력적 노력이 하나로 합해진다. 이는 주변의 다른 교사들을 위한 효과적인 리더십의 모델링에 관한 것이다. 또한 미래의 교사들에게 더욱더 좋은 즉각적인 영향을 주고 미래의 리더 양성을 위한 공급 루트pipeline를 만드는 등 일석이조一石二鳥의 성과를 위해 교사들 안에서 리더십의 발전을 함양하는 것이다.

영국의 '국립교장양성연수원NCSL'의 최고경영자인 스티브 먼비Steve Munby는 다른 교사들의 발전을 위해 노력하는 교사들을 지원하는 것을 이 연수원이 추구하는 최우선 과제로 본다. 그는 학교장들이 '구성원들을 코칭하고 칭찬하며, 또한 그들에게 권한을 부여하는 방법으로 바람직한 리더십을 형성해 가는 과정'[11]을 통해 인재를 개발한 수많은 사례를 제시한다. 예를 들면, 영국 그레이터 런던Greater London의 한 도시인 이즐링턴Islington 지역에 있는 한 고등학교에는 교장이 되기를 바라는 직원들이 18명 있다. 이들은 학교에서 자신들을 위해 운영하는 리더십 개발 과정에 주 1회씩 참여한다. 스티브 먼비는 리더십 개발 과정에 대해 다음과 같이 기술한다.

"리더십에 대한 열정은 손에 만져질 듯 명백하며, 그것은 이 프로그램을 학교에 도입한 교장의 열정과 헌신을 통해 만들어진다."[12]

많은 학교들이 이러한 리더를 양성하는 실행 과정에 적극적으로 참여한다면, 미래의 학교 리더들을 위한 공급 루트는 어떤 모습을 갖출 것인지 상상해 보기 바란다.

요컨대 수업 향상시키기, 행정적 업무를 다른 사람에게 위임하기, '미래 리더로의 성장을 촉진하는 오늘'이라는 명제를 고려해 가며 자신들의 업무 추진하기 등을 동시에 추진하는 교장이 결국에 가서는 지속가능한 학습공동체를 만들게 된다.

앞선 2~4장에서 나는 학교의 교육행정가들은 학교문화 유산과 지식 체계, 그리고 학습공동체를 선도할 필요가 있다고 했다. 이 세 가지 요소는 서로 얽혀 있다. 여기에 학교장들이 소홀히 해서는 안 되는 것이 하나 더 있는데, 그것은 '전체 시스템'이다. 교육 시스템은 상황맥락적이며, 상황은 절대로 중립적이거나 공평하지 않다. 그것은 막강한 방식으로 도움을 줄 수도 있고 방해가 될 수도 있다. 시스템 상황은 정말 중요하기 때문에 시스템 리더들에게만 맡겨 둘 수는 없다.

제5장

교육 시스템을
선도하라

제5장
교육 시스템을 선도하라

거대한 규모의 시스템들이 끊임없이 직면하는 문제는, 어떻게 구성원들 사이에서 어느 정도 응집력을 만들어 낼 수 있느냐이다. 그 어느 것도 효과적이지 않은 것 같다. 분명한 도덕적 목표, 규범, 조직 상부에서 리더의 책무성 등으로 상황을 조여 매도 시스템은 좀처럼 움직이지 않는다. 만약 '현장 중심 권한 위임site-based empowerment'으로 급작스럽게 방향 전환을 하게 될 경우, 반응 없는 일부 학교나 뒷걸음질 치는 학교들과 마찬가지로 결코 지속가능하지 않은 주머니 속의 성공만을 얻게 된다.

믿거나 말거나 학교장은 '시스템의 응집력' 향상을 위해 지원해야 할 책임을 지고 있으며, 여러 가지 측면에서 볼 때 이를 위해 공헌할 수 있는 최적의 위치에 서 있다. 교장은 다음의 세 가지 방식으로 시스템의 응집력을 높일 수 있다.

교육 시스템을 선도하라
- 동료 및 다른 학교와 유목적적인 상호작용을 하라.
- 교육지원청과 바람직한 관계를 형성하라.
- 전체 시스템의 목표와 연결하라.

1. 동료와 유의미한 상호작용을 하라

내가 제안했던 '변화의 여섯 가지 비밀'은 분야에 상관없이 모든 조직에 적용되는데, 그중 하나는 '구성원들을 조직의 목표에 응집시키기'[1]이다. 어느 조직이든 사람들이 관여하는 시스템에서 결속력을 강화시켜 주는 것은 항상 '사회적인social' 것이다. 거대한 시스템 안에서 당신에게 필요한 것은, 다양한 세계에서 어떻게 초점을 잡을 것인지 그 방법을 생각해 내는 것이다. 상향식이나 하향식 방식으로는 이러한 문제를 해결하지 못한다. 시스템의 강약을 동시에 능수능란하게 조절함으로써 그 문제를 해결할 수 있다.

강약 조절 시스템은 방향성을 갖는다. 즉, 조직의 상부에 있는 리더들은 구성원들과 상호 소통하면서 목표를 설정하고, 모니터링을 실시하고, 구성원들의 역량 개발에 투자하는 등의 활동을 해야 한다. 이와 관련해 내가 말해 줄 수 있는 비밀 한 가지는, 응집력과 집중은 교육청에서 학교로 이어지는 위계조직 내에서 직접적으로 이루어지는 상명하복上命下服 방식보다는 교장들 사이에서 목적 달성을 위해 동료 간 상호작용을 하도록 독려할 때 가장 잘 성취될 수 있다는 것이다.

교장들이 다른 학교와 동료 간 상호작용을 해야 하는 데에는 여러 가지 이유가 있다. 우리는 일찍이 그런 사례 가운데 한 가지를 살펴보았다. 만약 교장이 학교를 고립적으로 운영하게 되면, 그것 자체가 아무리 협력적이고 성공적이라 할지라도 그러한 리더십이 계속되는 동안 언젠가는 반드시 취약해져 문제가 발생할 것이다. 만약 당신이 어떤 시스템 안에 있는데 그 안에 있는 다른 교장들이 협력적인 문화 속에서 일하고 있다면, 당신은 그들로부터 무언가를 배울 수 있을 뿐만 아니라, 다른 교장들이 일하는 모습, 특히 다른 교장들이 당신보다 더 많은 성취를 이루는 걸 봄으로써 당신과 당신 학교의 교직원들은 적절한 압력, 다시 말해서 자발성과 의무감이 적절히 조화된 '동료로부터의 압력peer pressure'이라는 이득을 얻을 수 있다.

그리고 하나 더 있다. 당신이 배운 내용을 인근 학교의 다른 교장들과 공유한다면, 당신은 주변에 있는 다른 학교들의 발전에 기여하는 것이다. 그런데 (비록 잘못된 것이 아무것도 없다 하더라도)

이러한 행동은 보이는 것만큼 이타적利他的이지는 않다. 왜냐하면 다른 학교들이 호전되고 상황이 개선된다면 이것들이 결국 당신에게 도움이 될 수 있기 때문이다. 그렇다면 여기에서 동지는 누구란 말인가? 이 질문에 대한 정답은 '같은 교육 시스템 안에 있는 다른 학교들'이다.

토머스 프리드먼Thomas Friedman이 그의 저서 『세상은 평평하다 The World Is Flat』(2005)에서 아주 명확하게 정리한 바와 같이, 지난 5년 남짓한 기간 동안 동료 간 상호작용을 위한 조건들은 모든 학교에서 아주 눈에 띄게 개선되었다. 프리드먼은 여기에 다음의 세 가지 조건이 관련되어 있음을 확인했다.

첫 번째 조건은 '물리적 거리에 상관없이 지식과 업무를 실시간으로 공유함으로써 다양한 형태의 협력을 가능하게 하는' 전 세계적인 통신망, 즉 정보통신기술이다.[2]

두 번째 조건은 새로운 형태의 업무 추진 방식인데, 경영자들은 새로운 형태의 더욱더 공평한 활동의 장場을 마련하여 '수평적인 협력과 가치 지향적 수행과정過程 및 바람직한 행동 특성'들을 강화해 간다.[3]

세 번째 조건은, 이전에는 경쟁의 장에서 배제되었던 수많은 사람들, 예를 들어 중국인, 인도인, 러시아인, 동유럽인, 라틴아메리카인, 아시아인들의 참여가 확대되었다는 점이다.

당신이 이웃과 멀리 떨어져 있든 가까이 지내든 다른 학교들과 상호작용을 하는 것은 매우 의미 있는 일이다. 그리고 피할 수 없는 상황이라면 이러한 방식에 적응하는 편이 훨씬 낫다. 제1장에서 살펴보았듯이, 영국에서 추진된 'RATL 프로젝트Raising Achievement, Transforming Learning Project'에 참여했던 300개 고등학교 가운데 적어도 75%에 해당하는 220여 개 학교에서 상당한 성과를 얻었다.[4] 브라이언 콜드웰Brian Caldwell은 클러스터를 형성하여 목적 지향적으로 함께 활동을 하고 있는, 특히 영국과 오스트레일리아의 수많은 학교 사례들을 제시했다. 콜드웰(2006)이 제시한 수많은 사례 중 하나를 살펴보자. 오스트레일리아 어느 시골의 6개 초등학교가 참가하여 구성한 이 클러스터는 읽기·쓰기 및 산술능력 신장에 집중했으며, 이러한 활동은 클러스터 내의 한 교감에 의해 활성화되었다. 활동 내용을 정리하면 다음과 같다.

- 6개 학교 전체 교직원들은 각 학기의 여섯 번째 주週에 만나서 연간계획에 포함된 활동들의 우선순위 문제를 검토한다.
- 클러스터의 교감은 2004년에 임명되었다. 임명된 교감은 이들 6개 학교의 공동 교감으로 간주된다. 교감의 가장 중요한 역할은 클러스터 내에서 구성원들의 역량을 개발하는 것이다.
- 수학을 전공한 부장교사executive teacher는 래니언고등학교

Lanyon High School[*]에 근무하면서 클러스터 내의 각 학교들을 순회하는 방식으로 지원 활동을 한다. 이때 소요되는 비용은 각 학교에서 공동으로 부담하므로 인건비를 절감할 수 있다.

- 정보통신기술교육Information & Communication Technology에 대한 기술적 지원 역시 모든 학교에 걸쳐 공유된다.

- 찰스콘더초등학교Charles Conder Primary School 에서 구안한 통합교육과정은 곧바로 클러스터 안에 있는 모든 학교에 순조롭게 공유되었다.

- 일부 초등학교 교사들은 과도기적 전략의 일환으로 자신들이 지도한 학생들을 초등학교 6학년 시절부터 래니언고등학교 시절까지 '주의 깊게 관찰하였다'.[5]

*여기서 잠깐!
1996년에 개교한 래니언 고등학교가 소속된 '래니언 클러스터Lanyon Cluster' 에는 보니톤초등학교 Bonython Primary School, 고든초등학교Gordon Primary School, 찰스콘더초등학교 Charles Conder Primary School 등이 소속되어 있다(2017. 10. 31. 기준).

더 자세한 내용은 래니언고등학교의 누리집 (http://www.lanyonhs.act. edu.au/) 및 위키피디아 wikipedia의 'Lanyon High School' 참조.

어찌 되었든 학교장들은 자신들이 근무하는 학교가 목적 지향적인 동료 간 네트워크에 참여하도록 지원하는 새로운 기회와 의무를 갖게 되었다. 학교에 도움이 되는 것이면 교육 시스템에도 도움이 된다. 학교와 교육 시스템은 유기적 관계에 있기 때문이다.

2. 교육지원청과 바람직한 관계를 형성하라

우리는 이미 제4장에서 잠깐 옆길로 새서 이 내용을 다룬 적이 있다. 이 책은 교육개혁을 위한 '교육지원청의 역할the role of the district'을 다룬 것이 아니라, 학교장들이 어떻게 '교육지원청과의 관계relate to the district'를 유지할 것인지에 대한 내용을 다루었다. 만약 교장들이 운 좋게도 동료 간 네트워크를 하나의 전략으로 활용하는 교육지원청 관내에 근무하고 있다면, 다른 학교들로부터 배움을 받아들일 수 있는 좋은 기회를 갖게 된다. 이 외에도 우리는 수많은 구체적인 사례들에 관한 정보를 갖고 있다. 사실 이 책에 포함된 모든 아이디어는 교육과 관련된 실생활 속의 사례들을 근거로 한 것이다.

다문화적 요소를 아주 강하게 지닌 채, 12만 명의 학생들이 생

활하고 있는 요크York 지역으로 다시 돌아가 보자. 요크교육지원
청의 중앙 지도부 및 관내 151개 초등학교와 30개 고등학교에서
근무하는 300명 이상의 교장과 교감들은 협력적 학교문화를 만
들기 위해 8년 동안 함께 일해 왔다. 그들의 핵심 전략은 '기초 문
해 협력 교육the literacy collaborative'이다. 그들이 사용하는 전략의
주요 특징은 다음과 같다.

- 교육지원청 관내에서 끊임없이 정보 교환의 주제가 되는, 전
  체 학생들의 읽기·쓰기 교육에 대해 명확하게 표현된 비전과
  약속vision and commitment
- 지속적으로 학교를 개선하기 위한 시스템 전반에 걸친 종합
  적인 계획과 구조
- 교육 활동에 유익한 정보를 제공하고 각종 재원 활용 방안을
  결정하는 데 도움이 되는 데이터의 활용
- 전체 학생들을 대상으로 읽기·쓰기 교육을 추진하는 데 필
  요한 학교 경영자와 교사의 역량 강화
- 시·군 단위 교육지원청을 뛰어넘어 모든 수준의 시스템에서
  도 작동되는 전문가 학습공동체 구축 및 운영

181개의 모든 학교는 항상 학교장이 주도하는 학교 리더십 팀

을 통해 교실 수업 개선에 중점을 둔 학교들이 참여하는 '코호트cohorts'*에 참여하게 된다. 그리고 이것은 '결과적으로' 학생들의 학업성취도 향상으로 이어지게 된다. 이러한 방법은 매우 효과적이다. 교육지원청 관내 전체 학교에서 학생들의 학업성취도가 답보 상태에 처한 이후 5년 사이에 10%나 향상된 것이다. 그리고 교사와 교장의 사기도 진작되었다. 한 연구에서 "선생님들은 다른 학교 선생님들과 교육에 관한 전문적인 지식 및 효율적인 실천 방안을 공유하는가?"라고 질문한 결과, 69%의 응답자가 실천 방안을 공유하고 있으며, 이는 상당한 효과가 있다고 대답했다. 점수로는 5점 만점 척도에서 4~5점에 해당되는 결과였다. 이 연구에서 연구 대상이 된 지역은 규모가 큰 지역임을 기억할 필요가 있다.

또 다른 좋은 사례는 보스턴공립학교들Boston Public Schools**에서 찾아볼 수 있다. 이 학교들은 다음의 여섯 가지 필수 항목에 바탕을 두고 있다.

- '효과적인 수업'을 가장 핵심적인 필수 요소로 생각하라.

- 학생들의 과업 및 이와 관련된 데이터에 집중하라.

- 교사들과 교장들에 의해 이루어지는 전문가 학습공동체 활
  동에 노력을 기울여라.

- 리더십을 공유하라.

- 추가적이고 집중적인 재원 투자를 하라.

- 학부모를 비롯한 가족과 지역공동체의 적극적 참여를 유도하라.

이 모든 아이디어들은 이 책의 원래 제목인 '교장으로서 무엇을 위해 노력해야 하는가(혹은 교장이 추구해야 하는 진정한 가치는 무엇인가?)'라는 관점에서 보면, 우리에게 무척 친숙한 것들이다.

보스턴공립학교의 읽기·쓰기 및 산술능력 시험 결과는 흑인, 백인, 아시아인, 히스패닉계 등 인종과 민족에 상관없이 '일정 기

**여기서 잠깐!

보스턴공립학교는 특정 학교를 지칭하는 것이 아니라, 미국 매사추세츠주 보스턴시에 있는, 125교로 구성된 학교구a school district를 통할하는 교육기관이다. 즉, 우리나라의 교육지원청과 유사한 교육기관을 지칭하는 것이다. 보스턴공립학교는 1647년에 설립된, 미국 내에서 가장 오래된 공립 학교 시스템public school system이기도 하다. 이 시스템에는 3~4세의 유아부터 고등학생에 이르기까지 56,000명 이상의 학생들이 소속되어 있는데, 이는 보스턴시 전체 학령 학생들의 74%에 해당되는 숫자로 보스턴에서 가장 규모가 큰 학교구라 할 수 있다. 더 자세한 사항은 보스턴공립학교 누리집(http://www.bostonpublicschools.org) 참조.

간 동안의 필수적인 숨 고르기 단계'*를 거친 후 1999년 이래 꾸준히 상승했다. 보스턴 공립학교에서 행해진 이 같은 노력의 긍정적인 효과에 대해 맥러플린McLaughlin과 탤버트Talbert(2006)는 다음과 같이 요약했다.

다각적인 평가 결과에 의하면, 수업과 협력적 코칭 및 학습에 대한 보스턴공립학교들의 접근 방식이 학생과 교사들에게 도움이 되고 있다는 것을 보여 준다. 교사와 학생의 관계는 물론 교사 상호 간의 관계가 개선됨에 따라 학생들의 학업성취도學業成就度 역시 향상되었다. 보스턴공립학교들은 자신들의 전략에 대해 또 다른 시스템 차원의 긍정적인 성과들을 기대하고 있다. 즉 일관성의 강화, 모든 수준에서의 책무성 제고, 교육지원청의 교육행정 관계자들로부터의 지원 확대 등을 기대하고 있다.[6]

위의 인용문에서 마지막 몇 문장은 교육지원청의 관점이 반영된 것이다. 이 책은 전적으로 그런 것은 아니지만, 주로 교장의 관점에서 기술되었다. 여기에는 두 가지의 함축적인 의미가 있다. 첫째, 학교장들은 '동료 교장들과의 수평적인 상호작용horizontal

교육감과 함께 하는 학교장 협의회

interaction with peers'에 참여해야 한다. 우리가 봐 왔던 것처럼 이러한 상호작용은 교장 자신에게 도움이 될 뿐만 아니라 동시에 다른 학교에도 도움이 된다. 둘째, 교장들은 자신이 근무하고 있는 지역의 교육지원청을 하나의 자원으로 생각해야 한다. 이상적으로 말하자면, 교장들은 상호 간에 의사소통하며 영향을 주고받는다는 측면에서 지역 교육지원청의 리더들과 강력한 쌍방향적 관계를 만들기 위해 노력해야 하고 이를 경험해 봐야 한다. 우리는 요크교육지원청과 보스턴공립학교 및 수많은 상황에서 이러한 사실이 명확하고 유익하다는 것을 익히 봐 왔다.

　　설령 지역의 교육지원청이 이 같은 관점에서 해당 의제들을 추진하기 위해 함께 노력하지 않더라도 교장들이 이러한 의제들을 추진하기 위해 노력하는 것은 매우 중요하다. 우리는 일부 교육지원청과 함께 연구를 진행해 왔는데, 그 가운데 초기 단계에서의 공동 연구, 전문가 학습공동체 활동, 지속적인 수업 개선 전략에 중점을 두는 교육지원청의 역할 등을 더 강화해야 한다고 요구한 것도 일단의 교장 그룹이었다. 교육지원청의 주요 리더들은 대부분 긍정적으로 대답했고, 교육장이 바뀌면서 대부분의 새로운 진전은 더욱 강화되었다. 요컨대 어느 교육장이, 자신이 근무하는 학교만이 아니라 인근 학교의 교육 활동에까지 기꺼이 에너지를 쏟는 학교장들을 환영하지 않겠는가? 학교와 지역 교육지원청을 개혁하는 문제는 분명히 '상호 간에 도움이 되는 명제a we-we proposition'이다.

3. 전체 시스템과의 연계성을 강화하라

교육에서 '전체 시스템'은 시·도 단위나 국가 단위로 구분된다. 혹자는 '시·도 교육청 차원 혹은 교육부 차원의 시스템'은 학교장의 세계와는 너무 동떨어진 것 아니냐고 말할지도 모른다. 하지만 정부와 학교 혹은 시·도 교육청과 학교가 멀리 떨어져 있어야 할 필요는 없으며 그래서도 안 된다. 그저 현실만이 그럴 뿐이다. 교육에서 시스템 환경은 매우 중요하기 때문에 그것을 정치인들에게 맡겨 둘 수만은 없다. 이에 대해 하이페츠Heifetz와 린스키Linsky(2002)는 핵심 개념을 다음과 같이 비유적으로 표현했다.

"요즘 리더들은 시스템의 전반적인 흐름에 해당되는 '큰 그림big picture'과 리더로서의 특별한 역할과 실행에 해당되는 '세밀한 그림detailed picture'을 동시에 고려해 가며 역할을 수행해야 한다."[7]

리더들은 교육의 정밀함을 갖추고 지속적인 개혁을 위해 깊이 파고들어야 한다. 또한 리더들은 전체적인 상황을 보여 주는 '보다 큰 그림the bigger picture'의 의미를 파악하고, 자신이 구성원들과 함께 해당 조직 내에서 수행하고 있는 일을 전체적인 상황에 연결 지을 수 있어야 한다.

이것은 강약 조절 방식을 동시에 사용하는 해결 방안이다. 교장들은 자신들의 역할을 '어느 누군가의 의제agenda(여기서는 시·도 교육청 혹은 교육부의 의제에 해당)를 실행하는 것'이라고 생각할 것이 아니라, 전체적인 상황을 보여 주는 보다 큰 그림을 머릿속에 그리고 있어야 한다. 교장들은 시·도 교육청(혹은 교육부)의 의제와 자신이 근무하는 학교 상황 사이에서 연결 지점을 찾아야 한다. 시·도 교육청이나 교육부를 적으로 삼아서는 안 된다. 따라서 시·도 교육청이나 교육부에서 제시하는 의제는 일선 학교 현장에서 쉽게 받아들일 수 있는 일반적인 의제일수록 좋다.

온타리오교육청(주州 교육부)은 지난 4년 동안 읽기·쓰기 및 산술능력 향상을 위해 의욕적으로 노력해 왔다. 이 사업의 실행을 구체화하기 위해서 도교육청은 교육지원청과 학교에 도움을 요청했다. 그러나 실질적으로 그 사업이 교육지원청과 각 학교에서 우선적으로 추진해야 할 사항으로 받아들였는지에 대해서는 확인

된 바가 없다. 어떤 초등학교 교장이 읽기·쓰기 교육을 우선순위
로 다루지 않겠는가? 마찬가지로 어떤 고등학교 교장이 읽기·쓰
기 능력 향상을 위해 노력하지 않겠는가?

손힐고등학교Thornhill Secondary School의 사례를 다시 떠올려 보
자. '추구할 만한 가치가 있는 것'은 핵심적인 교육적 우선순위를
학교와 도교육청 양쪽에서 동시에 추구하는 것을 의미한다. 교장
은 시·도 교육청을 단지 '정치적으로만' 바라봐선 안 된다. 물론
학교와 시·도 교육청의 관계가 돈독할 필요는 없지만, 만약 핵심
이 되는 공통적인 우선순위들을 찾아내서 그들과 함께 추진해
간다면 학교와 시스템의 상황은 훨씬 더 나아질 것이다. 2007년
10월, 온타리오교육청은 투표를 통해 재선에 성공함으로써 4년간
의 재신임을 받았다. 그 결과 지역 유권자들로부터 지속적이고
심도 있게 공립학교 시스템을 개선할 수 있는 강력한 권한을 부
여받게 되었다.

이것은 허황된 이야기가 아니다. 영국이 설립한 '국립교장양성
연수원NCSL'은 과감하게 '시스템 리더로서의 학교 리더 양성!School
leaders as system leaders'이라는 모토를 채택했다. 부분적으로 이것
은 사고방식에 관한 문제이다. 여기서 내가 조언하려는 것은, 도
교육청의 정책을 인지하고 참작해서 교육개혁으로 연결하라는 것
이다. 이것은 또한 매우 구체적이다. 2개 이상의 학교를 운영하는

'관리형 교장executive heads'의 사례는 물론, 크고 작은 성과를 내는 학교와 기금 제휴fund partnership를 하는 시·군·구 단위 교육지원청이나 시·도 교육청의 사례는 수도 없이 많다.

국립교장양성연수원 설립 운영에서 볼 수 있듯이, 영국은 교육을 주도하기 위해 국가에서 학교 리더를 양성하기에까지 이르렀다. 이러한 정책 속에서 국립교장양성연수원은, 자신들이 근무하는 학교의 범위를 뛰어넘어 교육적 공헌에 관심을 갖고 좋은 성과를 내고 있는 교장들을 조심스럽게 찾아내 이들을 리더로 육성하는 데 노력을 기울이고 있다. 국립교장양성연수원은 학교 발전을 위해 분투하는 다른 학교 리더들을 멘토링하거나, 현재는 물론 가능한 향후 단계의 학교개혁과 관련해 교육부 장관이 참석하는 구조화된 중대한 정책 토론에 참여하는 방식으로 공헌을 하고 있다.

좀 더 명확히 하자. 나는 교장들이 자신들의 학교를 희생하면서까지 교육지원청이나 시·도 교육청 등의 보다 큰 교육 시스템을 위해 헌신하는 것을 옹호하지는 않는다. 교장들은 이미 업무 과중에 시달리고 있기 때문에 교장의 역할을 논하는 데에는 각별한 주의가 요구된다. 그렇지만 다음의 두 가지는 현실적인 것들이다.

첫째, 학교장들은 교육 시스템 차원의 목표와 전략에 대해 잘

인지하고 자신이 근무하는 학교가 그것과 연계되도록 노력할 필요가 있다. 만약 이러한 것들이 교육지원청 단위 교육 시스템과 함께 이루어진다면 훨씬 더 좋다.

둘째, 국립교장양성연수원의 사례에서 봐 왔듯이 교장들이 이른바 '시스템 역할system role'을 수행할 수 있도록 학교를 떠나 있을 더 많은 기회를 갖도록 해야 한다.

'미래 리더로의 성장을 촉진하는 오늘'이라는 주제로 돌아와서 생각해 보자. 현재의 다른 학교 리더나 장차 학교 리더가 될 사람의 성장을 지원해 주는 최고의 현직 교장을 옆에 두는 것보다 더 강력한 게 있을까? 우리가 기억해야 할 결정적으로 중요한 교장의 역할은 '구원자 혹은 구세주'로서의 교장이 아니라, 다른 교사들이 교육자로서 스스로 설 수 있도록 그들의 성장을 돕는 '조력자'로서의 교장이다. 교장으로부터 도움을 받은 이들 교사들은 다른 교사들의 발전을 위해 이와 같은 접근법으로 다가설 것이며, 그 과정에서 현재와 미래의 전체적인 교육 시스템이 개선되는 상승효과가 발생할 것이다. 다시 한번 강조하지만, 우리는 시스템 리더의 관점에서 시스템 문제를 해결하기 위해 이 책을 집필하고 있지는 않다. 교장들은 '그들 스스로가' 자신을 둘러싸고 있고, 긍정적이든 부정적이든 자신에게 영향을 주는 상황들에 관심을 보일 것을 제안한다.

제5장이 중요한 이유는 거대하고 복잡한 시스템에서 응집력과 일관성이 가장 파악하기 힘든 특성으로 남아 있다는 사실과 관계가 있기 때문이다. 이 문제는 직접적인 명령과 통제 전략들을 통해 해결할 수는 없다. 왜냐하면 여기에는 구성원들 나름대로의 수많은 생각들이 존재하기 때문이다. 대신 여기서는 훨씬 더 효과적인 간접적인 방법들을 제안하고자 한다.

목적의식이 있는 구성원 간의 상호작용을 종횡으로 자극하는 것은 결과적으로 복잡한 시스템이 목표에 집중할 수 있도록 도와주는 기능을 한다. 조직의 상층부에 있는 리더들은 시스템 안에서 응집력을 발휘하기가 어려운데, 이는 그들의 숫자가 조직 안에서 너무 적기 때문이다. 그러나 만약 동료들이 응집력을 만들어가는 데 참여한다면 충분한 힘이 발휘되어 목표했던 응집력을 달성할 수 있게 된다.

내가 제5장을 통해 줄곧 옹호해 온 '상호작용'은 서로 다른 의견 차이를 정리해 준다. 그리고 충분한 근거를 바탕으로 의사결정이 이루어지기 때문에 실천 효과가 미약한 것들은 사라지고, 더 효과적인 것들만 남게 된다. 이것은 사회적 과정이기 때문에 꾸준히 지속되는 것들은 그 자체만으로도 의미와 역량이라는 두 가지 측면에서 구성원들과 '공유'가 된다. 그 어느 누구도 다른 사람에게 영향을 주지 못하는 '극단적인 고립the extremes of isolation'과 다수가 개인의 생각을 철저하게 무시하는 '집단적 사고group-think' 가 이루어지는 상황을 피하기 위해 노력하는 것이 가장 중요하다.

물론 위에서 언급한 내용들이 순조로운 과정은 아니다. 이를 실천하는 과정에서 많은 것들이 잘못된 방향으로 흘러갈 수 있다. 그러나 그것은 우리가 알고 있는 그 어떤 접근 방법보다도 효과적이다.

교장이라는 직업은 과거에 비해 업무 부담이 심화되었고, 교장은 바이스로 죄는 것 같은 중압감에 시달리게 되었지만, 이와 동시에 좀 더 심도 있고 좀 더 폭넓은 역할을 할 수 있는 가능성을 지니게 되었다는 점은 설레는 일이다. 그런데 현시점에서 상황이 나빠지기보다 호전될 가능성은 거의 없는 것처럼 보인다. 왜냐하면 시스템 내에서의 일관성과 응집력은 학교장의 역할에 대한 개선 없이는 절대 효과적으로 평가될 수 없기 때문이다.

학교장들이 노력해야 할 일들이 정말 많다. 이제 학교장이 해야 할 일들에 대해 본격적으로 다루어 보자.

제6장

학교장과 교육청을 위한 실천 지침

제6장
학교장과 교육청을 위한 실천 지침

프랭크 카프라Frank Capra 감독이 1939년에 제작한 영화 〈스미스 씨, 워싱턴에 가다Mr. Smith Goes to Washington〉에서 주인공인 제임스 스튜어트James Stewart는 순진한 시골뜨기a naive bumpkin에서 젊은 상원의원이 되는 역할을 연기한다. 그의 아버지는 극중에서 이러한 충고를 한다.

"기억해라, 실패한 것들이야말로 추구할 만한 가치가 있는 유일한 것들이다."

이 책은 결코 '좌절된 주의主義, lost causes', 즉 실패한 것들에 관한 것이 아니라, 그 정신에 관한 것이다. 즉, 다루기 힘든 문제와 씨름할 때 발휘해야 하는, 끊임없는 집요함에 관한 것이다.

외과의사 아툴 가완디(2007)의 조언을 되짚어 보자. 그의 사례는 바로 이러한 정신을 보여 주는 전형적인 예다. "사실을 말하자면, 확신이 없는 상태에서 우리는 노력하는 의사를… 항상 노력하는 의사를 원한다는 것이다. 사람들은 언제나 당신이 할 수 있는 것, 그 이상의 것을 기대한다."[1]

이 책에서 우리는 분투하는 교장, 즉 학교 개선을 위해 노력하는 교장을 원해 왔다. 학교를 어떻게 개선해 나갈 것인지에 대한 지침들은 1~5장에서 부분적으로 언급했다. 따라서 나는 교장들이 이미 학교 개선이라는 전투에서 선전善戰을 펼치는 데 필요한 상당한 양의 탄환, 즉 유리한 정보를 습득했으리라 믿는다.

제6장에서는 우선적으로 교장을 위한, 그다음으로는 교육 시스템의 리더들을 위한 일련의 핵심적인 지침들을 제시하고자 한다. 물론 주된 메시지는 학교장을 위한 것이다. 이러한 내용을 통해 학교장 여러분이 기대하는 변화를 이끌어 내길 바란다.

1. 학교장을 위한 실천 지침

학교장을 위해 내가 제안하는 여섯 가지 지침은 다음과 같다.

학교장을 위한 실천 지침

가. 수업을 '탈사유화'하라.

나. 교수 리더십을 발휘하라.

다. 구성원들의 역량 강화를 우선시하라.

라. 또 다른 리더를 육성하라.

마. 학교장 본연의 업무에 집중하라.

바. 시스템 리더가 되어라.

가. 수업을 '탈사유화'하라

교장이 맞닥뜨리게 되는 어려움을 '전투'에 비유했을 때, 가장 힘겨운 전투는 교직사회에 바람직한 수업문화를 만드는 것이다. 다시 말해서, 모든 교사가 수업을 공개하고 또 다른 교사의 수업을 참관하는 활동을 일상적이며 바람직하게 여기는 학교문화를 만드는 것이 매우 중요하다. 수업의 탈사유화는 교사의 전문성 함양을 위해 반드시 필요함에도 불구하고, 이를 변화시키려는 시도는 지난 수십 년간 교사 개인의 사생활 보호라는 방패에 가려져 제대로 이루어지지 않았다. 존 굿라드John Goodlad와 그의 동료들은 『교실 출입문 뒤에서Behind the Classroom Door』(1970)[2]라는 연구에서 이 문제를 언급한 적이 있다. 댄 로티Dan C. Lortie는 자신의 저서 『학교 교사School Teacher』(1975)[3]에서 교사의 자율성이라는 행동 양식에 대해 '변화를 싫어하는 보수주의와 미래 지향성이 배제된 현재주의conservation and presentism'의 관점에서 언급했는데, 이 모든 것들이 결국 지금까지 교실 수업을 상대적으로 정체 상태에 빠지게 했다.

수전 무어 존슨Susan Moore Johnson과 모르간 도널드슨Morgaen Donaldson은 『교육 리더십Educational Leadership』 2007년 9월호에 발표한 「리더십의 방해 요소 극복 방안Overcoming obstacles to leadership」이라는 논문에서, 기초 문해교육 코치와 부장교사 등 교사 리더들이 직면하게 되는 '세 가지 위협 요인'을 언급했다.[4] 즉, 교사들의 자율성 보호하기, 평등주의 확보하기, 연공서열 강화하기가 그것이다. 댄 로티가 밝혀낸 연구 결과는 30여 년이 지나도록 개선되지 않았다. 교직사회에 만연한 이러한 문제의 해결은 앞으로도 쉽지 않을 것이다.

수업의 탈사유화는 변화와 관련된 모든 지식의 사용을 요구할 것이다. 수업의 탈사유화로 가기 위한 시동장치에 해당되는 것들을 정리하면 다음과 같다.

- 수업의 탈사유화가 하나의 목표임을 표명하고 강조하라.
- 수업에 대한 교사 상호 간의 접근성 강화를 위한 교실 수업의 투명성, 수업에 대해 비판하지 않는 비非비판주의 nonjudgmentalism, 유익한 지원 등의 요소를 결합하라.
- 기초 문해교육 코치 등 교사 리더들의 역량 강화를 위한 지원뿐만 아니라 그들의 역할을 명확히 하고 그 역할에 대해 정당성을 부여하라.
- 교실 수업 개선 및 이와 인과관계에 있는 학생들의 학업성취도 향상과 연관된 도덕적 목적에 대해 구성원들이 충분히 이해하도록 강조하라.

- 세세한 사항들에 대한 간섭을 배제한 동료 간 상호작용peer
  interaction without micromanaging을 촉진하라.

수업의 탈사유화는 교사가 교실에서 행하는 실천의 투명성에 관한 것이다. 투명성에 대한 또 다른 관점이 있다. 즉, 그것은 실천의 투명성을 위해서도 절대적으로 필요하고, 게다가 '근거를 기반으로 한' 의사결정과도 관계가 있다는 입장이다. 교육의 발전은 끊임없는 개선의 과정임이 틀림없다. 그러므로 우리는 항상 좀 더 효과적인 교육적 실천 방안들을 찾아야 한다.

가장 강력한 교육적 실천 가운데 하나는 '평가 소양 능력assessment literacy'을 갖추는 것이다. 이와 관련해서는 세 가지 측면을 생각해 볼 수 있다. 첫째는 매일 이루어지는 수업 개선을 위한 데이터의 전략적 사용, 즉 학습을 위한 평가 능력을 지녀야 한다. 둘째는 평가 결과를 모니터링할 수 있는 역량이 요구된다. 셋째는 학교 밖에서 추진하는 외부의 책무성 평가 시스템에 적극적으로 참여하는 것을 의미한다. 그러므로 수업의 탈사유화는 학생들의 학업성취에 대한 투명성 확보를 의미하기도 한다. 학교가 얼마나 잘 운영되고 있는가? 학교 발전을 위해 개별 교사들이 얼마나 열심히 노력하고 있는가? 학생들의 학업성취와 관련된 데이터는 학교 교직원은 물론 학부모를 포함한 일반인들에게 투명하게 공개되어야 한다. 이와 동시에 학업성취도 관련 데이터 남용으로 인한 피해를 입지 않도록 학교를 보호해야 한다. 이에 대해 더 자세한 내용은 『변화의 여섯 가지 비밀』(2008)에서 네 번째 비밀인 '투명성 원칙'을 참조하면 될 것이다.[5]

변화는 강요할 수 없다. 그렇지만 직접적으로는 목표를 공표함으로써, 간접적으로는 동료 문화를 활용함으로써 북돋울 수는 있다. 동시에 수업의 탈사유화를 명쾌하게 하려면 이 장에서 언급된 다섯 가지의 다른 지침들을 활용해야 한다. 이것도 『변화의 여섯 가지 비밀』에서 네 번째 비밀인 '투명성 원칙'을 참고하면 된다.[6]

다른 직업의 예를 살펴보자. 아툴 가완디(2007)는 의료 개혁 추진에 관해서 이렇게 제안했다. "의료 개혁을 위해서 우리는 두 가지를 실천해야 한다. 첫째는 우리 자신을 정확하게 진단해야 하고, 둘째는 우리가 무엇을 하고 있는지 숨기지 않고 솔직하게 공개해야 한다."[7] 이와 마찬가지로 교육을 개혁하려면 수업의 탈사유화가 반드시 필요하다.

나. 교수 리더십을 발휘하라

교장은 모든 과목에 걸쳐 수업 전문가instructional expert가 될 수는 없지만, 제3장에서 언급했듯이 학교를 지적으로 지혜롭게 운영할 수는 있다. 교수敎授 리더십을 발휘한다는 것은 학교의 임무를 교육적 개선 활동에 집중시켜 학생들의 배움을 향상시키는 것을 의미한다. 당연히 학교의 모든 자원들은 이러한 목적을 위해 활용되어야 한다. 다시 말해서 교수 리더십은 학교가 해야 할 핵심적인 역할을 교육 활동 중심 예산 편성, 조직의 구조 개선, 전문가 학습 활동, 교육 활동 전반에 대한 모니터링 등에 결집시키는 것을 말하는 것이다.

이렇게 활동하는 학교장들은 학교가 얼마나 잘 나아가고 있는지에 대한 논의를 주도하고, 구성원들의 역량 강화를 위한 워크숍이나 회의 등을 포함해 여러 가지 형태의 상호작용 활동에 참여한다(지침 3). 교장들은 교장 본연의 경영 활동에 집중하는 것을 방해하는 업무들을 다른 직원들에게 위임하고 잘못된 사항들에 대해서는 방향을 바로잡아 주면서 자신들에게 주어진 대부분의 시간을 교육적인 문제들을 다루는 데 활용해야 한다(지침 5).

비비안 로빈슨(2007)은 자신의 역작에서 학교 리더십을 "무슨 일을 해야 하고, 왜 해야 하는지를 확인하는 것"으로 정의했다. 교수 리더십을 발휘하는 과정에서 '추구할 만한 가치가 있는 것'은 '정밀함과 전문성precision and specificity' 등이다. 교장들에게 주어지는 수업 혹은 교수instruction에 관한 대부분의 충고들은 너무나 일반적이고 막연하다. 로빈슨은 교수 리더십에 대해 "그것은 강력한 전문가 학습 활동을 정착시키기 위해 해설과 실제적 사례들, 이론적 설명을 조합해 놓은 것"[8]이라고 말했다.

따라서 교수 리더십을 발휘한다는 것은 단순히 상징적인 것이 아니다. 그것은 특별하고 구체적인 것이다. 리스우드Leithwood와 그의 동료들(2007)[9] 그리고 로빈슨(2007)[10]은 자신들이 수집할 수 있는, 교실 수업을 학생들의 학업성취에 연결한 모든 실증적인 연구물들을 찾아 분석했다. 그리고 그들은 본질적으로 동일한 결론에 도달했다. 이들 연구 가운데 일부는 전략적인 방침, 구조, 목표지향적 자원 조달에 관한 내용이었으나 이보다 더 많은 연구물들은 구체적인 실행에 대한 깊이 있는 연구와 관련된 내용이었다. 연구를 통해 로빈슨이 발견한 가장 큰 성과, 즉 다른 요소들보다 두 배 이상으로 중요한 성과는 "교사들이 학습하면서 동시에 역량을 개발해 갈 수 있도록 장려하고 함께 참여하는 것"과 관련된 내용이었다. 이를 바탕으로 로빈슨은 "교수 리더십은 교사들의 공식적, 비공식적인 전문가 학습 활동을 장려하는 것뿐만 아니라 교사와 함께 그 활동에 직접 참여하는 것"[11]이라고 정의했다. 따

라서 교수 리더십을 발휘한다는 것은 일반적이고 상징적인 것이
아니라 전문성을 갖고 리더십을 발휘하는 것을 의미한다.

다. 구성원들의 역량 강화를 우선시하라

구성원들의 역량 강화는 학교개혁 혹은 교육 개선으로 가기 위
한 가장 핵심적인 경로이다. 여기에서의 역량은 새로운 지식, 기
능, (어떤 일을 수행할 수 있는) 역량, 추가적인 자원들(시간, 아이
디어, 전문적인 지식, 예산 등), 성과를 얻기 위해 노력하고자 하
는 내면에서의 새로운 동기 등이 해당된다. 만약 교사들을 변화시
키고 싶다면, 도덕적 목적으로 그들을 가르치려고 해서는 안 된
다. 교사에게 모범을 보여 주고 그들이 방법을 찾을 수 있도록 여
건을 조성해 줘야 한다. 나는 "어떤 것의 가치를 제대로 인정하지
않고 경멸적인 태도로 그것을 비효과적인 것으로 평가하는"'비
난주의 혹은 비판주의judgmentalism'에서 벗어날 것을 제안한다.
투명성은 비효과적인 것들을 식별할 수 있도록 해 준다. 하지만
당신이 상황을 변화시키고 싶다면, 비효과적인 것들을 경험한 사
람들을 낙인찍지 않은 채, 문제를 객관적으로 파악해야 한다. 변
화를 위한 전략으로 사람들을 힘들게 한다면 역효과만을 낳을

뿐이다.[12]

역량 강화를 우선시해야 한다. 왜냐하면 역량 강화야말로 구성원들에게 효과적인 동기부여가 되기 때문이다. 사실 많은 교사들이 학교를 개선하거나 스스로 발전하지 못하는 것은 그들이 어떻게 해야 할지를 잘 모르기 때문이다. '어떻게 해야 할지'를 가능하게 하는 것이야말로 교사들이 앞으로 나아가는 데 중요한 요소이다. 이것은 교장이 판단에 참여하지 않는 것을 의미하는 게 아니다. 다만 너무 조급하게 판단에 참여해서는 안 된다는 것을 의미한다. 물론 여기에는 개별적인 사례이기는 하지만 당장 어떤 조치를 내려야 할, 용납할 수 없는 악습을 행하거나 정말 지독한 무능력을 보이는 사례가 있다. 그러나 절대다수의 교사들을 위해 역량 기르기capacity-building가 제 역할을 할 수 있도록 상황을 조성해 주고, 한걸음 뒤에서 지켜봐 주자는 것이다.

교장으로서 교사들의 수업의 탈사유화, 교수 리더십의 발휘, 구성원들의 역량 강화 우선시하기 등을 잘 조합할 수 있다면 변화를 위한 강력한 힘을 얻게 된다. 다시 말해서, 변화를 위한 노력은 매일매일의 학교문화 안에 녹아들 수 있도록 유기적, 체계적으로 이루어져야 한다.

라. 또 다른 리더를 육성하라

이 주제는 제2장에서 언급했던 것처럼 '미래의 목적을 위한 오늘'의 '유산 선도하기, 즉 훗날의 유산이 될 학교문화 만들어 가기'에 관한 것이다. 만약 당신이 리더로서 많은 것을 알고 있다면 더 힘들게 느껴질 수도 있다. 당신보다 조금 뒤처진 사람을 변화시키거나 역량을 개발하는 것보다 당신 스스로의 역량을 개발하는 것이 가끔은 쉬울 때가 있다. 반면에 당신보다 교육에 대해 훨씬 더 잘 알고 있는 사람들을 이끌어 가기는 결코 쉬운 일이 아니다. 하지만 운동 코치들은 항상 이런 일을 한다. 즉 그들은 자신보다 훌륭한 선수들을 길러 낸다. 이 상황에서 코치와 선수가 하는 것은 순수하게 기능을 익히는 것이 아니라, 그 대부분은 '스스로를 개선하는 방법 배우기', '팀의 일원으로 활동하기', '방해 요인들 잘 다루기' 등의 문제들을 아우르는 것이다.

교수 리더십 발휘하기는 '또 다른 리더들'의 발전을 돕는 일이 어떤 것인지를 만들어 가는 과정을 가리키기도 한다. 교장들은 우리가 그동안 언급해 왔던 다양한 방법들을 활용하며 교육에 집중해야 한다. 그런데 그런 일들의 대부분은 다른 사람들을 통해서 이루어지도록 해야 한다. 학교장들은 거리감을 느끼게 하는 권한 위임 방식이 아니라, 리더들이 연합하도록 하고, 그 연합 안에서 그들이 힘을 합해서 교육의 개선을 위해 함께 일하게 함으로써 교육에 대한 집중도를 높인다. 이에 대해 가장 적절하게 표현한 사람은 페퍼Pfeffer와 서턴Sutton(2006)이다. "리더십을 살펴보는 가장 좋은 방법은 아마도 조직적인 시스템, 팀 구성, 학교문화 만들기 등을 하나의 과업으로 삼아, 다른 사람들이 성과를 거둘 수 있도록 필요한 조건과 전제 조건을 확립했는지를 살펴보는 일일 것이다."[13]

교장들이 이러한 일을 실천하면, 그것은 현재의 상황이 바람직한 방향으로 흘러갈 수 있도록 강력한 힘을 불어넣는 것이 된다. 또한 당신보다도 더 효율적으로 일을 할 수 있을 것 같은 미래 리더들을 배출하는 보급로pipeline를 만들게 되는 셈이다. 따라서 학교장이 갖추거나 만들어 가야 할 유산 중에서 가장 중요한 요소 가운데 하나는 미래 리더들이 성장할 수 있도록 자신을 낮추는 겸손한 태도를 갖추는 것이다.

마. 학교장 본연의 업무에 집중하라

영국 런던에 본사를 둔 다국적 회계 컨설팅 기업, '프라이스워터하우스쿠퍼스(PWC, 2007)'에서 실시한 교장의 지위에 관한 연구를 기억할 필요가 있다. 이 연구에 의하면 일부 교장들은 행정적, 단순·관리적 업무를 우선적으로 처리하고, 시간적 여유가 있을 때만 교육적 활동을 이끄는 데 시간을 투자한다는 것이다. 그런데 문제는 이들 교장들에게는 결코 시간적 여유가 없다는 점이다. 반면에 몇몇 교장들은 우선순위를 바꿔서 교육 활동에 우선적으로 시간 투자를 했다. 이것이 다섯 번째 지침, 즉 '학교장 본연의 업무에 집중하기'의 본질이다.

학교장은 학교를 겉만 번지레한 방식으로 운영해서도 안 된다. 기본적으로 나는 학교장의 업무 가운데, 본질에서 벗어나는 업무에 대해서는 분명하면서도 선제적인 방식으로 대응할 것을 권장한다. 만약 학교장이 본질을 벗어난 사항들에 수동적으로 대처한다면, 결국 학교장은 거의 매일 그것들에 얽매이게 될 것이다.

업무 처리 과정에서 몇몇 단계들을 조합하거나 조정할 필요가 있다. 처리해야 할 행정업무의 목록을 살펴서 일부 과업은 다른 사람에게 맡기고 일부 과업은 우선순위를 조정하여 후순위로 두거나 아예 행정업무 목록에서 제외시켜야 한다. 이 책의 초판에서 제시했던 두 가지 지침, 즉 '(선택적으로) 대담무쌍하게 실천하기', '교장이 하지 않을 일 결정하기'를 떠올려 보자. 다만 가장 시급한 문제들에 대해서는 설령 그것들이 교장들을 교육 활동으로부터 멀어지게 하더라도 받아들여야 한다.

만약 앞에서 제시한 네 가지 지침을 실행해 옮긴다면, 교장들에게 요구되는 본질적인 경영 활동, 즉 교육을 위한 경영 활동을 추진할 수 있는 긍정적인 힘을 제대로 갖게 될 것이다. 또한 비본질적인 주요 사항들에 대한 당신의 비판적인 자세를 발전시켜 나갈 수 있을 것이다. 경영 활동의 초점을 행정업무가 아닌 교육에 둘 수 있을 것 같은 시스템 안에 있는 다른 교장들을 보고, 반드시 그들에게서 배워야 한다. 학교장의 경영 활동 중에서 행정적 영역managerial area 업무는 시스템 차원에서 학교장의 단순·관리적 업무operational tasks 처리 지원을 위해 인적 및 물적 자원을 직접적으로 투자함으로써 도움을 줄 수 있는 업무 영역이다. 이와 관련하여 더 자세한 사항은 시스템을 위한 다섯 번째 지침('행정적인 요구 사항들에 대처하라')을 참고하길 바란다.

전체적으로 볼 때 학교장의 경영 활동 중에서 행정적 측면의 업무와 단순·관리적 업무에 대한 현실적인 요구 사항은 분명히 매우 많다. 따라서 이 영역의 업무 처리에 익숙해지는 것이 쉽지는 않을 것이다. 하지만 일단 당신이 여기에 익숙해지기만 하면 마치 그에 대한 배당금을 받듯이 꾸준하게 이득을 얻을 수 있는 그런 영역이기도 하다. 왜냐하면 그것은 당신이 학교를 잘 운영하고 있음을 의미하기 때문이다. 또한 당신과 교사들이 '학생들의 배움'이라는 주된 교육 활동에 집중한다는 것을 의미하기 때문이다. 반면, 미숙한 학교 운영은 그 자체가 교육 활동에 대한 추가적인 방해 요소로 작용한다.

바. 시스템 리더가 되어라

이 지침은 외부적인 상황을 개선함으로써 당신의 상황이 더 나아질 것이라는 점에서 이기적利己的인 측면이 있다. 하지만 이 지침에는 이타적利他的인 의무도 포함돼 있어서 다른 학교는 물론 전체 시스템을 개선하는 데 도움을 주기도 한다. 다행스러운 것은 다음과 같은 몇 가지 사항을 실천함으로써 이기적, 이타적 측면의 두 가지 목표를 동시에 달성할 수 있다는 것이다.

첫째, 앞 장에서 봐 왔듯이 학교들 간의 클러스터나 네트워크에서 적극적으로 활동한다는 것은 교장들에게 매우 유익한 일이다. 왜냐하면 그곳에서 동료 교장들의 성장에 도움을 줄 수 있을 뿐만 아니라 동료 교장들로부터 배울 수 있기 때문이다. 또한 이러한 네트워크 활동을 함으로써 여러 학교의 동료 교사들과 목적이 분명한 공동 연구를 추구하게 되고, 내부적으로는 자신들이 근무하는 학교의 문화를 발전시키는 데 도움을 받을 수도 있다.

둘째, 학교장들과 교육지원청 리더들과의 생산적인 쌍방향적 관계 형성은, 교장들이 교육지원청 관내의 전반적인 교육적 성과를 개선하는 데 도움을 줄 수 있는 또 다른 방법이다. 만약 개별 학교의 개혁이 지속적으로 이루어져야 한다면, 지역 전반에 걸친 개혁은 필수적이다. 성공적인 교육지원청은 학교와 교육지원청의 리더들 사이에 '상호 간에 도움이 되는, 우리끼리 관계a 'we-we' relationship'가 형성될 수 있도록 한다.

셋째, 앞서 얘기했듯이 당신이 근무하고 있는 학교가 아무리 짧은 기간 내에 좋은 학교로 발전했을지라도 지역 내 다른 학교와 연계하지 않고 고립된 상태를 유지한다면 성공의 지속가능성은 심각하게 약화될 수밖에 없다.

마지막으로, 진화하는 새로운 모델들에서 수행할 수 있는 훨씬 더 큰 역할들이 있다. 즉, 이와 같은 새로운 모델들에서는 '관리형 교장들Executive Principals'이 1개 학교 이상에 대해 경영 책임을 맡거나, 단지 한 명의 교장 아래 학교 개선을 위해 다른 학교와 자매결연을 맺으며 고군분투하는 각각의 학교에 대해서 책임을 떠맡기도 한다.[14]

이 모든 사항들은 팀 브릭하우스Tim Brighouse(2007)의 유익한 연구 성과와도 일맥상통한다. 팀 브릭하우스는 리더가 갖추어야

할 여섯 가지 과제를 제시했다.[15]

- 구성원들의 에너지를 이끌어 내라.
- 구성원들의 역량을 강화하라.
- 위기에 적극적으로 대처하고 그것을 최소화하라.
- 교육 환경을 공고히 하고 강화하라.
- 개선할 사항을 찾아 목록화하라.
- 실천 가능한 비전을 확장하라.

내가 강조하고 싶은 내용은 이러한 것들을 당신이 재직하는 학교 안에서 다른 학교들과 관계를 맺으면서, 전체 시스템을 위해 '체계적으로' 실천하라는 것이다.

2. 교육청 등 교육 시스템을 위한 실천 지침

만약 교장들이 앞서 언급한 리더가 갖추어야 할 여섯 가지 지침들을 따른다면, 이것은 시·군·구 단위 교육지원청이나 시·도 단위 교육청과 같은 보다 거대한 시스템을 향해 학교개혁의 성공을 위한 조건들을 보완할 수 있는 토대를 갖추라고 압력을 가하는 것과 같다. 만약 더 큰 시스템인 상급 교육기관이 주도적으로 이러한 방향성을 띄게 된다면 상황은 훨씬 더 좋아질 것이다. 이것은 교장들이 앞서 말한 여섯 가지 지침을 실행하는 데 실질적인 도움을 제공할 뿐만 아니라, 다른 모든 학교들도 이와 같은 방향으로 나아가도록 해 주는, 외부로부터 제공되는 유익한 압력이 될 것이다. 그리고 이러한 것들이 선례가 되면, 다른 학교의 동료 교장들도 다른 누군가를 위해 도움이 될 가능성이 극적으로 확대될 것이다.

　이러한 상황에서 교육 시스템을 위한　지침들은 교장의 역할 수행을 보완하거나 학교가 발전하는 데 제약을 받을 때 학교장들이 직무 수행을 위해 분투할 수 있도록 이끌게 된다. 다음의 여섯 가지 지침들은 우리가 이 책에서 추구해 온 방향성을 더욱 강화해 줄 것이다.

> **교육청 등 교육 시스템을 위한 실천 지침**
> 가. 학교장의 교수 리더십을 향상시키고 이를 위해 투자하라.
> 나. 방향성과 유연성을 동시에 추구하라.
> 다. 데이터의 활용 방안을 효율화하라.
> 라. 동료 교장들을 활용하여 관내 학교문화를 바꿔라.
> 마. 행정적인 요구 사항들에 대처하라.
> 바. 어려움이 있더라도 꾸준히 지속하라.

가. 학교장의 교수 리더십을 향상시키고 이를 위해 투자하라

　일반적인 의미에서 이 지침은 다음의 다섯 가지 의미를 내포하고 있다. 즉, ① 교육 리더로서 교장의 역할 재개념화하기, ② 재개념화된 교장의 역할 정의에 기초하여 자격을 갖춘 교사들을 교장으로 승진시키기,* ③ 교장이 되고자 하는 사람들에게 새로운 기준에 부합하는 경험을 쌓을 수 있도록 권한 부여하기, ④ 성과 평가를 통해 방향성 강화하기, ⑤ 역량 강화를 위해 투자하기 등 이 그것이다.

*여기서 잠깐!

미국의 교장 임용 방식은 우리와 다르다. 미국에서는 주마다 교장 자격 기준이 다르나 많은 학구school districts가 전문적 양성과정을 통해 교장으로서 필요한 자격을 갖춘 사람 중에서 공개채용을 하고 있다. 교장 자격 조건은 교사자격증 소지자로서 3년 이상의 현장 교사 경력자, 석사학위 소지자, 대학원 수준의 교육행정가 과정 이수자 등이다.

전반적으로 미국 사회가 경험을 중시하지만 단위 학교를 이끌어 갈 교장에 대해서는 관리자로서의 전문성을 강조하여 교장직에 필요한 능력을 구비하도록 별도의 양성과정을 이수하도록 하고 있다. 따라서 대부분의 주는 대학원 수준에서 교육과정, 교육행정전문가 과정, 교육행정 박사과정을 이수한 사람에 한해 교장 자격을 부여하고 있다. 특히, 1990년대 중반 이후 교장 자격 기준을 표준화하고, 학교행정가 자격 기준에 대한 주간州間 연계를 강화하기 위해 마련된 '주간 학교 지도자 자격인증 컨소시엄ISLLC: Interstate School Leader Licensure Consortium'이 큰 공헌을 했고, 이 기준은 교장 양성과정과 연수, 평가에 이용되고 있다. 이 컨소시엄에서는 교장이 학교를 경영하기 위해 비전, 학교문화와 수업 프로그램, 관리, 학부모와 지역사회의 관계, 행정가의 윤리, 광범위한 상황적 맥락, 인턴과정의 7개 영역에서 필요한 지식, 기술, 능력, 특성, 자질 등의 기준을 제시하고 있다.

교장 임용은 학구 단위로 이루어지며, 공고된 교장직에 신청하기 위해서 지원자는 교장자격증과 일정한 자격 요건을 갖추어야 한다. 지원자는 우선 인가된 대학원 수준의 양성교육과 실습을 마치고, 교장자격시험을 통과하여 주州 교육부가 발행하는 예비교장자격증을 구비해야 한다. 또한 우리나라와는 달리 반드시 교감 경력을 필요로 하지는 않지만 학교행정직에 관심을 가진 교원은 지역 학구에서 교육행정 경력을 쌓거나 필요한 교육 요건을 갖추어야 지원이 가능하다.

학구에서 최초로 임용된 교장은 시보 계약probationary contract에 의해 채용되어 1~2년 정도의 시보 기간을 마친 후 결격 사유가 없을 경우, 장기 계약continuing contract을 체결하게 된다. 장기 계약으로 채용된 교장은 본인 스스로 사임하거나 퇴직, 면직, 시보 계약으로의 전환, 또는 해고당하지 않는 한, 향후 연례적인 지명이나 재임명 없이 그 학구에서 교장으로서의 직위를 계속 갖게 된다. 교장들의 임용 형태는 학구별로 장기 계약의 형태를 취하기도 하고, 단기 계약의 형태를 취하기도 한다. 그러나 한 번 장기 계약으로 임용된 교장을 해고하기는 매우 어렵고, 단기 계약의 갱신이 이루어지지 않는 경우도 찾아보기 어렵다(이태상, 『(미국)전문적 양성과정을 통해 준비되는 교장』, 한국교육개발원 교육연구국제협력센터 엮음, 『세계로 가는 길, 교육을 만나다』, 한국교육개발원, 2007, pp. 12~15 참조).

그런데 우리 모두가 위와 같은 내용을 일반적인 내용으로 인식할 필요는 없다. 다만 우리는 이처럼 잘 돌아가고 있는 시스템을 관찰하여 벤치마킹할 수 있다. 앞서 소개한 보스턴공립학교와 캐나다 온타리오주의 요크교육지원청York Region District School Board의 사례를 살펴보자.

맥킨지Mckinsey 보고서는 학교장의 역량을 개발하기 위한 보스턴공립학교의 프로그램을 집중적으로 언급했다.[16] 이 보고서에 의하면 보스턴공립학교의 학교장 역량 개발 프로그램은 동료의식 신장, 신규 임용된 교장 지원, 지속적인 발전 등 세 가지 영역으로 이루어져 있다. 각 영역별 핵심 내용의 일부를 정리하면 다음과 같다.

[동료의식 신장]
- 일주일에 3일은 경험이 풍부한 교장과 함께 근무하기
- 일주일에 2일은 교수 리더십과 학교 경영 기법에 중점을 둔 세미나에 참여하기
- 이 같은 연수 기간 동안 급여 지급하기

[신규 임용된 교장 지원]
- 하계 강좌 개최

- 멘토링
- 시·도 교육청(주州 교육부) 차원에서의 지원
- 네트워크 회의Network meetings를 통한 지원
- 문제가 된 특별한 분야 혹은 영역을 직접 다루는, 그때그때 실시하는 강습회

[지속적인 발전 지원]
- 부副교육장들은 대부분의 시간을 학교장들을 코치하는 데 투자해야 한다.
- 클러스터: 지역의 교육지원청은 관내 학교를 대상으로 9개의 클러스터를 구성한다. 각 클러스터의 리더들에게 직접적인 평가나 감독 권한은 부여되지 않지만 이들은 멘토링과 지원 활동을 하게 된다.[17]

　　요크교육지원청(2007)은 '리더십 개발 체계leadership development framework'를 갖추고 있다. 보스턴공립학교의 리더십 함양 프로그램과 비슷한 이 체계는 초보 단계의 리더들부터 초보 교육행정가들과 교육 경험이 많은 노련한 리더들에 이르기까지 다양한 사람들에게 끊임없는 지원과 성장 동력을 제공한다. 이 중 교육 경험이 많은 리더들을 위한 프로그램은 교감과 교장들이 필수적으로

이수해야 할 연수과정이기도 하다. 요크교육지원청의 리더십 개발 방식은 이 책에 제시된 견해와 전적으로 일치한다. 이러한 개발 방식은 이 책에 제시된 코칭, 멘토링, 네트워크 학습, 읽기·쓰기 및 산술교육처럼 시스템의 모든 수준에 적용 가능하도록 구안된 교육 계획cross-level learning initiatives 등에 기반을 두고 있다. 요크교육지원청의 리더십 개발 체계는 리더십 역량과 관련하여 다음의 네 가지 영역을 아우르고 있다. ① 목표 설정 및 비전 공유하고 지속시키기, ② 관계 형성하기, ③ 수업을 선도하고 관리하기, ④ 조직을 더 발전시키기 등이 그것이다. 이러한 영역 안에는 자기 주도적인 전문가 학습과 함께 리더십 개발을 위해 요구되는 연수 활동들이 다양하게 마련되어 있으므로, 교장들은 자신들이 발전시키고 싶어 하는 어떤 역량을 스스로 선택하게 된다.

보스턴공립학교와 요크교육지원청의 사례는 첫 번째 지침에 대한 전형적인 예다. 즉, 이 두 곳에서는 교육과 리더십 개발을 잘 접목시킨 것이다.

나. 방향성과 유연성을 동시에 추구하라

바람직한 성과를 내고 있는 교육지원청에서는 지나치게 엄격한 것too-tight과 지나치게 느슨한 것too-loose 사이에 존재하는 딜레마가 어떤 것인지를 알고 이에 잘 대처한다. 교육 시스템을 위한 6대 지침 중에서 나머지 다섯 가지가 부분적으로 이 두 번째 지침을 반영하고 있으므로 여기서는 간단히 언급하고자 한다. 여기에는 몇 가지 방향성이 요구된다. 첫째, 읽기·쓰기 및 산술능력과 관련된 협상 불가능한 목표를 확인해야 한다. 둘째, 이와 동등하게 목표 달성을 위한 가장 효과적인 교육적 실천 방안을 발전시켜야 한다. 이러한 교육적 실천 방안은 사전에 더 많이 검증될수록 그 것을 추진하는 과정에서 구성원들과 그만큼 더 협상을 적게 해도 될 것이다. 그러나 시스템이 지나치게 권위적인 태도를 취하면 구성원들의 창의성, 열정, 헌신 등은 사라지게 된다. 그러므로 교육지원청과 학교 사이의 재량권은 필수적인 요소이다. 정밀함과 창의성을 겸비하고 병행하는 것은 가능한 일임과 동시에 정말로 필요한 일이다. 여기서의 '정밀함'이란 효과적인 방법을 적용함에 있어서 집요한 일관성을 의미하며, '창의성'이란 성과와 결과의 개선을 위해 혁신적인 방안을 찾아내기 위한 창의성을 지칭한다.

두 번째 지침이 가장 잘 구현된 상황은 학교 리더와 교육지원청 리더가 함께 결정한 의제를 실행하고 있다고 느낄 때, 그리고 실제로 효과가 있을 때이다. 여기에는 '우리와 그들'이라는 구분이 없다. 교육 관련 의제들은 서로 맞물려 있다. 목표를 공유하게 되면 양쪽은 모든 학교에 도움이 되는 방향으로 결속하게 된다. 각 학교는 자신들의 특별한 상황에 적합한, 자신들만의 독특한 입장을 갖고 있다. 학교와 교육지원청이 수직적, 수평적으로 목표를 공유하고 쌍방향 의사소통을 하게 되면 수많은 의견 차이를 극복하게 하고, 사람들로 하여금 공동의 효과적인 실천에 집중할 수 있게 한다. 언제나 그 진면목을 알아보지는 못한다 하더라도, 학교와 교육지원청 사이에 의견 차이가 있더라도 결국 그들은 그러한 사실을 알고 이해하게 될 것이다.

학교와 시·군·구 단위 교육지원청을 이끄는 리더들은 연속체 continuum의 양쪽 극단 모두를 경계한다. 즉, 지배적인 리더에 의한 것이든 이와 동등하게 지배적인 경향을 띠는 동료들에 의한 '집단적 사고'에 의한 것이든 지나치게 엄격한 권위주의를 경계한다. 또한 개화開花를 기다리는 수천 송이 꽃들의 자유방임주의적 표류와도 같은, 통제 불가능한 지나친 유연성에 대해서도 경계한다.

다. 데이터의 활용 방안을 효율화하라

나는 이미 '학교장을 위한 지침'을 제시하는 과정에서 학생들의 학습에 관한 데이터가 즉각적인 학습 성과 개선을 위한 전략으로서뿐만 아니라 대내외적으로 요구되는 책무성을 평가할 때에도 아주 중요한 요소로 간주된다는 점을 강조했다. 여기에서 말하는 데이터는 학생의 학습을 위한 평가 전략으로 사용되는 일상적인 데이터daily data와 그 학교가 제대로 운영되고 있는지를 알 수 있는 장기적인 종단적 데이터longitudinal data까지를 모두 지칭한다.

이때 교육(지원)청은 두 가지 방법으로 도움을 주어야 한다. 첫째, 데이터의 수집과 활용을 적시적기에 효과적이면서도 알기 쉽게 해 주는 기술적인 방안을 마련해야 한다.* 교장이 데이터에 접근해서 그것이 지닌 문자 그대로의 의미를 해석하기 위해 소중한

---

*여기서 잠깐!

우리나라의 상황도 예외는 아니다. 국회에서 주관하는 국정감사와 시·도 교육청에서 주관하는 종합감사, 시·도 단위 의회에서 주관하는 행정감사 등을 위해 학교를 비롯한 교육기관에서는 각종 자료를 제출해야 한다. 그 결과, 교사는 수업 준비와 생활지도에 사용해야 할 소중한 시간을, 교감과 교장 등 학교의 교육행정가들은 학교 경영에 고민할 시간을, 각종 행정 업무를 지원하는 직원들은 교육의 본질을 위해 투자해야 할 시간과 에너지를 빼앗기고 있다. 자료 제출에 대해서라면 시·도 단위 교육청이나 시·군·구 단위 교육지원청의 장학사 역시 자유로울 수 없다. 경우에 따라서는 자료를 요구하는 주체나 부서가 다르다는 단 하나의 이유만으로 유사한 자료를 두 번 이상씩 제출하기도 하고, 3년이나 5년 전의 자료를 찾아 헤매기도 한다. 교육력과 행정력이 낭비되는 대표적인 사례이다. 따라서 실질적으로 활용도가 높은 데이터베이스 구축이 필요하다. 전국 단위가 어렵다면 적어도 시·도 교육청 혹은 교육지원청 차원의 데이터베이스 구축이어도 좋다. 시·도 단위로 운영되고 있는 교육행정정보시스템national education information system, NEIS에 '교육정보통계'라는 이름으로 구축되어 있음에도 실질적으로 활용되지 못하고 있는 이런 기능을 좀 더 활성화하는 것도 하나의 방안이 될 것이다.

시간을 허비하지 않고, 학생들의 학습 성과 개선을 위해 교사들과 함께 실제적으로 데이터를 사용하며 일하는 것은 정말로 어려운 일이다. 그러므로 교육청 차원에서 데이터에 관한 인프라 구축을 통해 이처럼 커다란 기술적 부담 문제를 해결해 주어야 한다. 교육(지원)청에서 추진해야 할 두 번째 과제는, 학교장들이 데이터에 근거한 의사결정을 할 수 있도록 정보의 효과적인 활용 방안에 대한 연수 과정을 개설하여 역량을 강화하는 것이다. 이것은 역량 개발과 관련된 모든 조치들 가운데 교육청에서 학교장들에게 길러 줘야 할 핵심 역량이다. 교육청은 자신들이 행하는 여러 가지 활동 중에서 '비판주의 혹은 비난주의judgmentalism' 적 요소를 가볍게 다루거나 줄이는 대신에, 교육 활동의 투명성 transparency을 증진시킬 필요가 있다.

라. 동료 교장들을 활용하여 관내 학교문화를 바꿔라

교육지원청이 교장의 역할을 재구조화하기 위해 직접적으로 모든 일을 할 필요는 없다. 교장들 사이에서 '목적의식이 있는 동료 간 상호작용purposeful peer interaction'을 촉진시킴으로써 교장의 역할 개선을 위한 노력의 효과를 더욱 강력하게 증진시킬 수 있다.

같은 방식으로 교장들은 교사들 사이에서, 그리고 교사와 부장교사 사이에서 '동료 간 교류peer exchanges'를 장려함으로써 학교문화를 개선할 수 있다. 또한 교육지원청의 리더들은 학교 간 교류에 초점을 둔 전략에 토대를 둠으로써 관내 학교문화에 가장 효과적으로 영향을 미칠 수 있다.

이 절節에서 제시한 여섯 가지 지침 가운데 그 어떠한 지침도 독립적으로 효과를 발휘할 수는 없다. 지금 언급하고 있는 네 번째 지침은 이전의 세 가지 지침으로부터 방향성 등에서 많은 영향을 받는다. 교장들이 다른 지침으로부터 파생된 수많은 아이디어들을 처리하는 일을 할 수 있도록 동료들과 상호작용을 하도록 해야 한다.

마. 행정적인 요구 사항들에 대처하라

다섯 번째 지침은 매우 특별하면서도 구체적인 요구 사항이다. 교장이라는 직위에 기대하는 교육적 요구 사항instructional demands과 행정적·관리적 측면의 요구 사항managerial demands이 점점 커져 가는 현실에 직면하여 구체적으로 변화시켜야 할 것 한 가지를 제안한다면, 그것은 두 가지 요구 사항 중에서 조금 덜 중요한 일에 대처할 수 있는 구체적이며 효과적인 방법을 찾아야 한다는 것이다. 이것은 현실적이면서도 실천 가능한 일이다. 이를 위해 교육(지원)청은 어떻게 해야 할까?

첫째, 교장이 조경 및 수목 관리, 인사 관리, 재정 관리, 공동체 구성원들의 건강과 안전 등과 같은 행정적 측면의 역할을 수행하는 데 도움을 받을 수 있도록 관련 연수 및 역량 강화 활동을 제공해야 한다. 권한 위임과 효과적인 행정을 위한 전략들은 보스턴 공립학교와 요크교육지원청이 관내 교장들과 함께 실천하고 있는 것처럼 검증될 수 있고 발전될 수 있다.

둘째, 언뜻 보기에는 좀 더 급진적인 것으로 보일 수 있는 방법인데, '실무 관리자business manager'라는 새로운 직책을 만들고 적격자를 훈련시켜서 그 자격을 인증해 주는 것이다. 그리하여 큰 학교에는 한 학교당 1명의 '전임 실무 관리자full-time business manager'를 배치하고, 작은 학교에는 3~5학교당 1명의 실무 관리자를 배치하는 것이다. 이처럼 학교장의 행정적 혹은 관리적 업무 처리 문제에 대해 더욱 강력하게 대응하려면 실무 관리자라는 새로운 직책을 만들어야 한다. 그리고 실무 관리자는 교장의 감독 아래 일하면서 전문적 경영을 통해 '제대로 된 교장의 업무 수행을 방해하는, 즉 교장 본연의 업무에서 벗어나는 일들the distractors'을 처리하는 것이다. 이 문제에 대처하기 위해서는 교감의 역할을 강화하는 등 여러 가지 방법이 있을 수 있지만, 어떠한 경우에도 그 해법은 학교장으로서 업무 수행에 필요한 인적, 물적 자원들을 명시적으로 규정해 두어야 한다.

필요한 인적, 물적 자원의 제공이란 단지 틀에 박힌 기준에 따라 제공해야 함을 의미하는 것은 아니다. 전체적인 현상에 대해서는 조심스러우면서도 점진적으로 접근해야 한다. 그리하여 교장 본연의 업무에서 벗어나는 일들은 숙련된 실무 관리자들이 처리하도록 하고, 실무 관리자와 학교장의 관계도 명확하게 해야 한다. 이미 살펴본 바와 같이, 이것을 실험적인 측면에서 아주 짧은 시간 안에 정확하게 실천한 나라는 영국이다. 그리고 나는 일찍이 프로그램에 대한 외부의 평가 결과, 교장과 실무 관리자가 한 팀으로 일하며 노력함으로써 학생 1인당 예산 절감 효과를 가져왔고, 절약된 예산으로 교육 활동에 필요한 자원들을 더 많이 확보할 수 있게 되었다는 점을 언급했다.[18]

이것은 용기 있는 시·도 교육청과 교육지원청의 리더들이 정면 돌파를 해야 하는 명백한 고효율 전략 가운데 하나이다. 교육 리더로서의 학교 리더의 역할은 학교장의 직무 수행을 방해하는 불필요한 요소가 없다 하더라도 정말로 어렵다. 교장은 만능 슈퍼맨 혹은 슈퍼우먼이 아닌, 교육계의 진정한 최고경영자CEO가 되어야 한다.

바. 어려움이 있더라도 꾸준히 지속하라

교사와 교장들이 변화에 대해 냉소적인 반응을 보이게 하는 요인이 있다면, 그것은 바로 교육감이나 교육장 등 최고관리자가 자주 바뀔 때마다 빈번하게 발생하는 교육정책의 급격한 방향 전환에 있다. 몇몇 사례를 통해 확인된 바와 같이, 교육지원청은 변덕스러운 '정책의 소용돌이'를 드나들면서 돌고 도는 것처럼 보인다. 일관성이 결여된 그때그때의 정책들은 목적의식이 없거나, 아주 빈번하게 현재나 과거의 우선순위에서 벗어난 주기적인 변화를 불러일으키는 것처럼 보인다.

성공적인 교육 시스템들은 중대하면서도 야심 찬 몇 안 되는 목표에 집중하면서, 어려움이 있더라도 완수를 위해 끝까지 노력한다. 몇몇 교육지원청은 이러한 점을 깨닫고 있다. 보스턴과 요크교육지원청은 자신들이 당면한 교육적 상황에 근거하여 적절한 분야에 초점을 맞추고 그것을 지속적으로 유지해 왔기 때문에 성공을 거두고 있다. 지구상에서 좋은 성과를 얻고 있는 국가는 물론, 시·도 단위 교육청이나 시·군·구 단위의 교육지원청에서도 같은 방식을 취하고 있다.[19] 이들 시스템은 그렇게 함으로써 정책상의 우선순위와 이에 상응하는 효과적인 실천 방안들을 모든 수준의 문화, 즉 학교-교육지원청-시·도 교육청-교육부로 이어지는 문화 속으로 깊숙하게 심어 놓았다.

　이러한 교육 시스템들은 지난 10년 동안 이런 일들을 계속해 오면서 그것을 바람직한 방향으로 심화시켜 왔다. 시·군·구 단위의 교육지원청 수준에서는, 동일한 교육장이 그 시스템의 연속성과 깊이를 잘 이해하고 있는 교육지원청과 함께 일하는 것을 포함한다. 보스턴과 요크교육지원청 두 곳은 현재 새로운 교육장을 맞이했거나 가까운 미래에 새 교육장을 맞이할 것이다. 두 지역 모두 교육 리더가 바뀌는 상황이지만 뿌리 깊은 문화가 내재되어 있기 때문에 이들 지역의 교육 시스템은 일관성 있게 지속될 것이며, 구성원들이 선택한 교육의 방향은 더욱더 심화될 것이다. 해마다 동일한 사람이 조직을 이끌게 할 필요는 없지만, 바람직한 방향을 '계획적으로 지속시키는 상황'을 선택할 필요는 있다.

　교사와 교장들에게 질 높고 지속적인 혁신에 집중할 수 있는 여건을 마련해 주는 것은 쉬운 일이 아니다. 이들을 혁신에 집중할 수 있도록 해 주는 가장 실제적이며 효율적인 방법이 있다면 그것은 교육지원청이 나서서 도덕적 목적 달성을 위해 지역 전역에 걸친 교육 개선 사업을 이해하고 지원하는 일이다. 나는 학교장을 위한 지침과 교육청 등 교육 시스템을 위한 지침에 대해서는 언급했지만, 아직 정부 차원에서 필요한 지침들을 기술하지는 않았다. 그런데 이미 우리들은 주州 정부, 즉 시·도 교육청 차원의 일부 정치인들 및 정책 입안자들과 함께 일하면서 그것을 실천해 오고 있다. 예를 들어, 온타리오는 지난 4년 동안 몇몇 소수의 목표에 집중하기, 읽기·쓰기 및 산술능력 신장에 관해 지역의 교육지원청과 공동으로 목표 설정하기, 역량 개발에 투자하기, 활용 가능한 데이터베이스 구축하기, 가치를 훼손하지 않는 범위에서 학생들의 교육 활동에 개입하여 중재하기 등의 활동을 함으로써 의미 있는 진전을 보이고 있다.[20]

개정판 저자 후기

『학교를 개선하는 교장』의 초판을 낸 지 20주년이 되었다. '그동안 책의 내용이 많이 개선되었는가?'라고 질문한다면, '내용에 대한 보완은 천천히 이루어져 왔다'고 대답할 수 있을 것이다. 하지만 초판에 비해 개정판은 일반적인 사항들에 대한 언급을 줄이고, 좀 더 목적 지향적이면서도 구체적으로 내용을 진술하고 있다. 또한 새로운 의제들을 반영한 부분에서는 구체적인 사례들을 제시했다. 그럼에도 불구하고 '현상 유지만을 하고 있는 것은 아닌가', '진보의 정도가 미약한 것은 아닌가' 하는 조바심도 더 느끼게 되었다. 초판에 비해 더 개방적인 입장을 취하게 되었고, 실천에 대한 절박감도 더 커졌다. 그리고 견해를 같이하는 더 많은 사람들이 실행에 참여했다. 무엇보다도 '모든 사람들이' 교장직을 진정으로 중요한 직위로 인식하고 있다는 것이다.

고무적인 소식은, 이와 같은 수많은 실천들이 교육계에서 지난 5년 동안에 집중적으로 일어났고, 2008년에 더욱 가속화되었다는 것이다. 교육개혁의 실행과정에서 제기되는 새로운 아이디어들은 급진적이긴 하지만, 시스템을 변화시킬 수 있는 막대한 힘과 잠재력을 지니고 있다. 아마도 점진적인 변화가 도약을 위한 토대로 자리를 잡고 있을 것이다. 만약 그렇다면, 교장이 되고자 하거나 교장직에 대해 심사숙고하는 시간은 흥미로울 것이다. 아마도 '추구해야 할 진정한 가치는 무엇인가'라는 문제는 '좌절된 주의主義, lost causes', 즉 성공할 가망이 없는 대의大義가 아니라, 새롭게 만난 호기好機를 현실화하기 위한 좋은 계기가 될 것이다. 교장들이 원하는 방향으로 변화를 이끌어 가기 바란다.

참고 문헌

제1장 학교장을 어렵게 하는 요인은 무엇인가?

1. Abrahamson, E. (2004). *Change without pain*. Boston: Harvard Business School Press, p. 2.
2. Wallace Foundation. (2003). *Beyond the pipeline*. New York: Author, p. 5.
3. Wallace Foundation, *Beyond the pipeline*, p. 4.
4. PriceWaterHouseCoopers. (2007). *An independent study of the headship*. London: Author. p. ii.
5. PriceWaterHouseCoopers, *An independent study of the headship*, p. vii
6. PriceWaterHouseCoopers, *An independent study of the headship*.
7. Minthrop, H. (2004). *Schools on probation*. New York: Teachers College Press, p. 5.
8. Fullan, M. (2006). *Turnaround leadership*. San Francisco: Jossey-Bass, p. 52.
9. PriceWaterHouseCoopers, *An independent study of the headship*, p. vii.
10. Cross City Campaign for Urban School Reform. (2005). *A delicate balance: District policies and classroom practice*. Chicago: Author, p. 4.
11. Cross City Campaign for Urban School Reform, *A delicate balance: District policies and classroom practice*, p. 9.
12. Hubbard, L., Mehan, H., & Stein, M. K. (2006). *Reform as learning*. London: Routledge.
13. Hubbard, L., Mehan, H., & Stein, M. K., *Reform as learning*, p. 75.
14. Hubbard, L., Mehan, H., & Stein, M. K., *Reform as learning*, p. 5.
15. New York City Schools. (2006). *Children first: A bold commonsense plan to create great schools*. New York: Author.
16. Hargreaves, D., & Shirley, D. (2006). *The long and short of school improvement: Final report, RATL project*. Boston: Boston College.

17. Fullan, M. (2008). *The six secrets of change: How leaders survive and thrive*. San Francisco: Jossey-Bass.

18. Hargreaves, A., & Fink, D. (2006). *Sustainable leadership*. San Francisco: Jossey-Bass, p. 71.

19. Caldwell, B. (2006). *Re-imagining educational leadership*. Melbourne, Australia: Australian Council for Educational Research. p. 25.

20. Shirley, D., & Hargreaves, A. (2006). Data driven to distraction. *Education Week*, 26(6), 32-33.

제2장 유산으로 남을 수 있는 학교문화를 만들어라

1. Shaw, G. B. (1903). *Man and superman*. Cambridge, UK: Cambridge University Press. p. ii.

2. Leithwood, K., Dry, C., Sammons, P., Harris, A., & Hopkins, D. (2007). *Seven strong claims about successful school leadership*. Nottingham, England: National College of School Leadership.

3. Leithwood, K. et al., *Seven strong claims about successful school leadership*, p. 3.

4. Mintzberg, H. (2004). *Managers not MBAs*. San Francisco: Berrett-Koehler, p. 16.

5. Mintzberg, H., *Managers not MBAs*, p. 143.

6. Leithwood, K. et al., *Seven strong claims about successful school leadership*, p. 3.

7. Fullan, M., *The six secrets of change: How leaders survive and thrive*.

8. Liker, J., & Meier, D. (2007). *Toyota talent*. New York: McGraw Hill, p. 283.

9. Liker, J., & Meier, D., *Toyota talent*, p. 313.

10. Elmore, R. (2000). *Building a new structure for school leadership*. Washington, DC: Albert Shanker Institute, p. 15.

11. Elmore, R., *Building a new structure for school leadership*, p. 73.

12. Elmore, R., *Building a new structure for school leadership*, p. 127.

13. Hargreaves, A., & Fink, D., *Sustainable leadership*, p. 71.

14. Haidt, J. (2006). *The happiness hypothesis*. New York: Basic Books, p. 213.

제3장 지혜롭게 이끌어 가라

1. Fullan, M., Hill, P., & Crévola, C. (2006). *Breakthrough*. Thousand Oaks, CA: Corwin.
2. Barber, M., & Mourshed, M. (2007). *How the world's best-performing school systems come out on top*. London: Mckinsey and Company, p. 26.
3. Marzano, R. (2007). *The art and science of teaching*. Alexandria, VA: Association for Supervision and Curriculum Development, p. 2.
4. Barber, M., & Mourshed, M., *How the world's best-performing school systems come out on top*.
5. Fullan, M., *The six secrets of change: How leaders survive and thrive*.
6. Gawande, A. (2007). *Better: A surgeon's notes on performance*. New York: Metropolitan Books, p. 14.
7. Gawande, A., *Better: A surgeon's notes on performance*, p. 15.
8. Gawande, A., *Better: A surgeon's notes on performance*, p. 20.
9. Gawande, A., *Better: A surgeon's notes on performance*, pp. 159, 161.
10. Gawande, A., *Better: A surgeon's notes on performance*, p. 242.
11. Liker, J., & Meier, D., *Toyota talent*, p. 82.
12. Liker, J., & Meier, D., *Toyota talent*, pp. 110~112.
13. Robinson, V. (2007). *School leadership and student outcomes: Identifying what works and why*. Sydney: Australian Council of Educational Leadership; Robinson, V., Hohepa, M., & Lloyd, C. (2007). *School leadership and student outcomes, Identifying what works and why: A best evidence synthesis iteration*. Wellington, New Zealand: Ministry of Education.
14. Robinson, V., Hohepa, M., & Lloyd, C., *School leadership and student outcomes, Identifying what works and why: A best evidence synthesis iteration*, pp. 39. 42.

15. Fullan, M., Hill, P., & Crévola, C., *Breakthrough*.
16. Fullan, M., *The six secrets of change: How leaders survive and thrive.*

제4장 학습공동체를 선도하라

1. Little, J. W. (1981). The power of organizational setting. Paper adapted from the final report *School success and staff development*. Washington, DC: National Institute of Education, pp. 12-13.
2. Kruse, S., Louis, K., & Bryk, A. (1995). *Building professional learning in schools*. Madison, WI: Center on Organization and Restructuring of Schools.
3. Rosenholtz, S. (1989). *Teachers' workplace*. New York: Longman, p. 208.
4. Rosenholtz, S., *Teachers' workplace*, p. 208.
5. Kruse, S., et al., *Building professional learning in schools*. Madison, WI: Center on Organization and Restructuring of Schools, p. 6.
6. Fullan, M. (2007). *The new meaning of educational change* (4th ed.). New York: Teachers College Press; Sharratt, L., & Fullan, M. (2006). Accomplishing districtwide reform. *Journal of School Leadership*, 16(5), 583-595.
7. Jersey Public School (2007, June). *The literacy journey at Jersey Public School*. Presentation at The Learning Fair, Richmond Hill, York Region Public District School Board.
8. Elmore, R. (2004). *School reform from the inside out: Policy, practice and performance*. Cambridge, MA: Harvard University Press.
9. Price Water House Coopers, *An independent study of the headship*.
10. Munby, S. (2007, June). Speech to the National College of School Leadership's Seizing Success Conference, Nottingham, England.
11. Munby, S., Speech to the National College of School Leadership's Seizing Success Conference, p. 7.
12. Munby, S., Speech to the National College of School Leadership's Seizing Success Conference, p. 8.

제5장 교육 시스템을 선도하라

1. Fullan, M., *The six secrets of change: How leaders survive and thrive*, Ch. 2.
2. Friedman, T. (2005). *The world is flat*. New York: Farrar, Straus and Giroux, p. 126.
3. Friedman, T., *The world is flat*. New York, p. 178.
4. Hargreaves, D., & Shirley, D., *The long and short of school improvement: Final report, RATL project*.
5. Caldwell, B., *Re-imagining educational leadership*, pp. 98-99.
6. McLaughlin, M., & Talbert, J. (2006). *Building school-based teacher learning communities*. New York: Teachers College Press, pp. 126-127.
7. Heifetz, R., & Linsky, M. (2002). *Leadership on the line*. Boston: Harvard Business School Press.

제6장 학교장과 교육청을 위한 실천 지침

1. Gawande, A., *Better: A surgeon's notes on performance*, p. 159.
2. Goodland, J., Klein, M., & Associates. (1970). *Behind the classroom door*. Worthington, OH: Charles Jones.
3. Lortie, D. (1975). *School teacher*. Chicago: University of Chicago Press.
4. Johnson, S. M., & Donaldson, M. (2007). Overcoming obstacles to leadership. *Educational Leadership*, 65(1), 8-13.
5. Fullan, M., *The six secrets of change: How leaders survive and thrive*.
6. Fullan, M., *The six secrets of change: How leaders survive and thrive*.
7. Gawande, A., *Better: A surgeon's notes on performance*, p. 214.
8. Robinson, V., *School leadership and student outcomes: Identifying what works and why*, p. 5.
9. Leithwood, K. et al., *Seven strong claims about successful school leadership*.
10. Robinson, V., *School leadership and student outcomes: Identifying*

what works and why.

11. Robinson, V., *School leadership and student outcomes: Identifying what works and why,* p. 8.

12. Fullan, M., *The six secrets of change: How leaders survive and thrive.*

13. Pfeffer, J., & Sutton, R. (2006). *Hard facts, dangerous half truths, and total nonsense: Profiting from evidence-based management.* Boston: Harvard Business School Press, p. 200.

14. Munby, S., Speech to the National College of School Leadership's Seizing Success Conference.

15. Brighouse, T. (2007). *How successful head teachers thrive and survive.* London: RM. Available at www.rn.com/successfulheads

16. Barber, M., & Mourshed, M., *How the world's best-performing school systems come out on top.*

17. Barber, M., & Mourshed, M., *How the world's best-performing school systems come out on top.*

18. Munby, S., Speech to the National College of School Leadership's Seizing Success Conference.

19. Barber, M., & Mourshed, M., *How the world's best-performing school systems come out on top.*

20. Fullan, M., *The new meaning of educational change* (4th ed.), Ch. 12.

찾아보기

삶의 행복을 꿈꾸는 교육은 어디에서 오는가?

교육혁명을 앞당기는 배움책 이야기 혁신교육의 철학과 잉걸진 미래를 만나다!

한국교육연구네트워크 총서

 01 핀란드 교육혁명
한국교육연구네트워크 엮음 | 320쪽 | 값 15,000원

 02 일제고사를 넘어서
한국교육연구네트워크 엮음 | 284쪽 | 값 13,000원

 03 새로운 사회를 여는 교육혁명
한국교육연구네트워크 엮음 | 380쪽 | 값 17,000원

 04 교장제도 혁명
한국교육연구네트워크 엮음 | 268쪽 | 값 14,000원

 05 새로운 사회를 여는 교육자치 혁명
한국교육연구네트워크 엮음 | 312쪽 | 값 15,000원

 06 혁신학교에 대한 교육학적 성찰
한국교육연구네트워크 엮음 | 308쪽 | 값 15,000원

 07 진보주의 교육의 세계적 동향
한국교육연구네트워크 엮음 | 324쪽 | 값 17,000원
2018 세종도서 학술부문

 08 더 나은 세상을 위한 학교혁명
한국교육연구네트워크 엮음 | 404쪽 | 값 21,000원
2018 세종도서 교양부문

 09 비판적 실천을 위한 교육학
이윤미 외 지음 | 448쪽 | 값 23,000원
2019 세종도서 학술부문

 10 마을교육공동체운동: 세계적 동향과 전망
심성보 외 지음 | 376쪽 | 값 18,000원

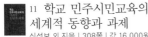 **11 학교 민주시민교육의 세계적 동향과 과제**
심성보 외 지음 | 308쪽 | 값 16,000원

 12 학교를 민주주의의 정원으로 가꿀 수 있을까?
성열관 외 지음 | 272쪽 | 값 16,000원

한국교육연구네트워크 번역 총서

 01 프레이리와 교육
존 엘리아스 지음 | 한국교육연구네트워크 옮김
276쪽 | 값 14,000원

 02 교육은 사회를 바꿀 수 있을까?
마이클 애플 지음 | 강희룡·김선우·박원순·이형빈 옮김
356쪽 | 값 16,000원

 03 비판적 페다고지는 세상을 변화시킬 수 있는가?
Seewha Cho 지음 | 심성보·조시화 옮김
280쪽 | 값 14,000원

 04 마이클 애플의 민주학교
마이클 애플·제임스 빈 엮음 | 강희룡 옮김
276쪽 | 값 14,000원

 05 21세기 교육과 민주주의
넬 나딩스 지음 | 심성보 옮김 | 392쪽 | 값 18,000원

 06 세계교육개혁: 민영화 우선인가 공적 투자 강화인가?
린다 달링-해먼드 외 지음 | 심성보 외 옮김 | 408쪽 | 값 21,000원

 07 콩도르세, 공교육에 관한 다섯 논문
니콜라 드 콩도르세 지음 | 이주환 옮김
300쪽 | 값 16,000원

 08 학교를 변론하다
얀 마스켈라인·마틴 시몬스 지음 | 윤선인 옮김
252쪽 | 값 15,000원

 09 존 듀이와 교육
짐 개리슨 외 지음 | 김세희 외 옮김
372쪽 | 값 19,000원

 10 진보주의 교육운동사
윌리엄 헤이스 지음 | 심성보 외 옮김
324쪽 | 값 18,000원

 혁신학교
성열관·이순철 지음 | 224쪽 | 값 12,000원

 행복한 혁신학교 만들기
초등교육과정연구모임 지음 | 264쪽 | 값 13,000원

 서울형 혁신학교 이야기
이부영 지음 | 320쪽 | 값 15,000원

 대한민국 교사, 어떻게 가르칠 것인가?
윤성관 지음 | 320쪽 | 값 15,000원

 아이들을 어떻게 가르칠 것인가
사토 마나부 지음 | 박찬영 옮김 | 232쪽 | 값 13,000원

 모두를 위한 국제이해교육
한국국제이해교육학회 지음 | 364쪽 | 값 16,000원

● 비고츠키 선집 시리즈 발달과 협력의 교육학 어떻게 읽을 것인가?

생각과 말
레프 세묘노비치 비고츠키 지음
배희철·김용호·D. 켈로그 옮김 | 690쪽 | 값 33,000원

도구와 기호
비고츠키·루리야 지음 | 비고츠키 연구회 옮김
336쪽 | 값 16,000원

어린이 자기행동숙달의 역사와 발달 I
L.S. 비고츠키 지음 | 비고츠키 연구회 옮김
564쪽 | 값 28,000원

어린이 자기행동숙달의 역사와 발달 II
L.S. 비고츠키 지음 | 비고츠키 연구회 옮김
552쪽 | 값 28,000원

어린이의 상상과 창조
L.S. 비고츠키 지음 | 비고츠키 연구회 옮김
280쪽 | 값 15,000원

비고츠키와 인지 발달의 비밀
A.R. 루리야 지음 | 배희철 옮김 | 280쪽 | 값 15,000원

정서학설 I
L.S. 비고츠키 지음 | 비고츠키 연구회 옮김
584쪽 | 값 35,000원

수업과 수업 사이
비고츠키 연구회 지음 | 196쪽 | 값 12,000원

비고츠키의 발달교육이란 무엇인가?
비고츠키교육학실천연구모임 지음 | 412쪽 | 값 21,000원

비고츠키 철학으로 본 핀란드 교육과정
배희철 지음 | 456쪽 | 값 23,000원

성장과 분화
L.S. 비고츠키 지음 | 비고츠키 연구회 옮김
308쪽 | 값 15,000원

연령과 위기
L.S. 비고츠키 지음 | 비고츠키 연구회 옮김
336쪽 | 값 17,000원

의식과 숙달
L.S 비고츠키 | 비고츠키 연구회 옮김
348쪽 | 값 17,000원

분열과 사랑
L.S. 비고츠키 지음 | 비고츠키 연구회 옮김
260쪽 | 값 16,000원

성애와 갈등
L.S. 비고츠키 지음 | 비고츠키 연구회 옮김
268쪽 | 값 17,000원

흥미와 개념
L.S. 비고츠키 지음 | 비고츠키 연구회 옮김
408쪽 | 값 21,000원

관계의 교육학, 비고츠키
진보교육연구소 비고츠키교육학실천연구모임 지음
300쪽 | 값 15,000원

비고츠키 생각과 말 쉽게 읽기
진보교육연구소 비고츠키교육학실천연구모임 지음
316쪽 | 값 15,000원

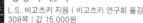
교사와 부모를 위한 비고츠키 교육학
카르포프 지음 | 실천교사번역팀 옮김
308쪽 | 값 15,000원

혁신교육, 철학을 만나다
브렌트 데이비스·데니스 수마라 지음
현인철·서용선 옮김 | 304쪽 | 값 15,000원

혁신교육 존 듀이에게 묻다
서용선 지음 | 292쪽 | 값 14,000원

다시 읽는 조선 교육사
이만규 지음 | 750쪽 | 값 33,000원

대한민국 교육혁명
교육혁명공동행동 연구위원회 지음
224쪽 | 값 12,000원

경쟁을 넘어 발달 교육으로
현광일 지음 | 288쪽 | 값 14,000원

독일 교육, 왜 강한가?
박성희 지음 | 324쪽 | 값 15,000원

핀란드 교육의 기적
한넬레 니에미 외 엮음 | 장수명 외 옮김
456쪽 | 값 23,000원

한국 교육의 현실과 전망
심성보 지음 | 724쪽 | 값 35,000원

교과서 밖에서 만나는 역사 교실 상식이 통하는 살아 있는 역사를 만나다

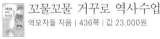
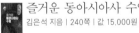

4·16, 질문이 있는 교실 마주이야기 통합수업으로 혁신교육과정을 재구성하다!

통하는 공부
김태호 · 김형우 · 이경석 · 심우근 · 허진만 지음
324쪽 | 값 15,000원

내일 수업 어떻게 하지?
아이함께 지음 | 300쪽 | 값 15,000원
2015 세종도서 교양부문

인간 회복의 교육
성래운 지음 | 260쪽 | 값 13,000원

교과서 너머 교육과정 마주하기
이윤미 외 지음 | 368쪽 | 값 17,000원

수업 고수들
수업 · 교육과정 · 평가를 말하다
박현숙 외 지음 | 368쪽 | 값 17,000원

도덕 수업, 책으로 묻고 윤리로 답하다
울산도덕교사모임 지음 | 320쪽 | 값 15,000원

체육 교사, 수업을 말하다
전용진 지음 | 304쪽 | 값 15,000원

교실을 위한 프레이리
아이러 쇼어 엮음 | 사람대사람 옮김
412쪽 | 값 18,000원

마을교육공동체란 무엇인가?
서용선 외 지음 | 360쪽 | 값 17,000원

교사, 학교를 바꾸다
정진화 지음 | 372쪽 | 값 17,000원

함께 배움
학생 주도 배움 중심 수업 이렇게 한다
니시카와 준 지음 | 백경석 옮김 | 280쪽 | 값 15,000원

공교육은 왜?
홍섭근 지음 | 352쪽 | 값 16,000원

자기혁신과 공동의 성장을 위한
교사들의 필리버스터
윤양수 · 원종희 · 장군 · 조경삼 지음 | 280쪽 | 값 14,000원

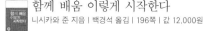
함께 배움 이렇게 시작한다
니시카와 준 지음 | 백경석 옮김 | 196쪽 | 값 12,000원

함께 배움 교사의 말하기
니시카와 준 지음 | 백경석 옮김 | 188쪽 | 값 12,000원

교육과정 통합, 어떻게 할 것인가?
성열관 외 지음 | 192쪽 | 값 13,000원

학교 혁신의 길, 아이들에게 묻다
남궁상운 외 지음 | 272쪽 | 값 15,000원

미래교육의 열쇠, 창의적 문화교육
심광현 · 노명우 · 강정석 지음 | 368쪽 | 값 16,000원

주제통합수업,
아이들을 수업의 주인공으로!
이윤미 외 지음 | 392쪽 | 값 17,000원

수업과 교육의 지평을 확장하는 수업 비평
윤양수 지음 | 316쪽 | 값 15,000원
2014 문화체육관광부 우수교양도서

교사, 선생이 되다
김태은 외 지음 | 260쪽 | 값 13,000원

교사의 전문성, 어떻게 만들어지나
국제교원노조연맹 보고서 | 김석규 옮김
392쪽 | 값 17,000원

수업의 정치
윤양수 · 원종희 · 장군 지음 | 280쪽 | 값 14,000원

학교협동조합,
현장체험학습과 마을교육공동체를 잇다
주수원 외 지음 | 296쪽 | 값 15,000원

거꾸로 교실,
잠자는 아이들을 깨우는 수업의 비밀
이민경 지음 | 280쪽 | 값 14,000원

교사는 무엇으로 사는가
정은균 지음 | 292쪽 | 값 15,000원

마음의 힘을 기르는 감성수업
조선미 외 지음 | 300쪽 | 값 15,000원

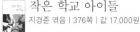
작은 학교 아이들
지경준 엮음 | 376쪽 | 값 17,000원

아이들의 배움은 어떻게 깊어지는가
이시이 준지 지음 | 방지현 · 이창희 옮김
200쪽 | 값 11,000원

대한민국 입시혁명
참교육연구소 입시연구팀 지음 | 220쪽 | 값 12,000원

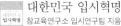
교사를 세우는 교육과정
박승열 지음 | 312쪽 | 값 15,000원

전국 17명 교육감들과 나눈 교육 대담
최창의 대담·기록 | 272쪽 | 값 15,000원

들뢰즈와 가타리를 통해 유아교육 읽기
리세롯 마리엣 올슨 지음 | 이연선 외 옮김
328쪽 | 값 17,000원

학교 민주주의의 불한당들
정은균 지음 | 276쪽 | 값 14,000원

프레이리의 사상과 실천
사람대사람 지음 | 352쪽 | 값 18,000원
2018 세종도서 학술부문

혁신학교, 한국 교육의 미래를 열다
송순재 외 지음 | 608쪽 | 값 30,000원

페다고지를 위하여
프레네의『페다고지 불변요소』읽기
박찬영 지음 | 296쪽 | 값 15,000원

노자와 탈현대 문명
홍승표 지음 | 284쪽 | 값 15,000원

선생님, 민주시민교육이 뭐예요?
염경미 지음 | 244쪽 | 값 15,000원

어쩌다 혁신학교
유우석 외 지음 | 380쪽 | 값 17,000원

미래, 교육을 묻다
정광필 지음 | 232쪽 | 값 15,000원

대학, 협동조합으로 교육하라
박주희 외 지음 | 252쪽 | 값 15,000원

입시, 어떻게 바꿀 것인가?
노기원 지음 | 306쪽 | 값 15,000원

촛불시대, 혁신교육을 말하다
이용관 지음 | 240쪽 | 값 15,000원

라운드 스터디
이시이 데루마사 외 엮음 | 224쪽 | 값 15,000원

미래교육을 디자인하는 **학교교육과정**
박승열 외 지음 | 348쪽 | 값 18,000원

흥미진진한 아일랜드 전환학년 이야기
제리 제퍼스 지음 | 최상덕·김호원 옮김 | 508쪽 | 값 27,000원
2019 대한민국학술원우수학술도서

폭력 교실에 맞서는 용기
따돌림사회연구모임 학급운영팀 지음
272쪽 | 값 15,000원

그래도 혁신학교
박은혜 외 지음 | 248쪽 | 값 15,000원

학교는 어떤 공동체인가?
성열관 외 지음 | 228쪽 | 값 15,000원

교사 전쟁
다나 골드스타인 지음 | 유성상 외 옮김
468쪽 | 값 23,000원

시민, 학교에 가다
최형규 지음 | 260쪽 | 값 15,000원

교육과정, 수업, 평가의 일체화
리사 카터 지음 | 박승열 외 옮김 | 196쪽 | 값 13,000원

학교를 개선하는 교장
지속가능한 학교 혁신을 위한 실천 전략
마이클 풀란 지음 | 서동연·정효준 옮김 | 216쪽 | 값 13,000원

공자뎐, 논어는 이것이다
유문상 지음 | 392쪽 | 값 18,000원

교사와 부모를 위한
발달교육이란 무엇인가?
현광일 지음 | 380쪽 | 값 18,000원

교사, 이오덕에게 길을 묻다
이무완 지음 | 328쪽 | 값 15,000원

낙오자 없는 스웨덴 교육
레이프 스트란드베리 지음 | 변광수 옮김
208쪽 | 값 13,000원

끝나지 않은 마지막 수업
장석웅 지음 | 328쪽 | 값 20,000원

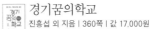
경기꿈의학교
진흥섭 외 지음 | 360쪽 | 값 17,000원

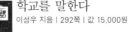
학교를 말한다
이성우 지음 | 292쪽 | 값 15,000원

행복도시 세종,
혁신교육으로 디자인하다
곽순일 외 지음 | 392쪽 | 값 18,000원

나는 거꾸로 교실 거꾸로 교사
류광모·임정훈 지음 | 212쪽 | 값 13,000원

교실 속으로 간 **이해중심 교육과정**
온정덕 외 지음 | 224쪽 | 값 13,000원

교실, 평화를 말하다
따돌림사회연구모임 초등우정팀 지음
268쪽 | 값 15,000원

학교자율운영 2.0
김용 지음 | 240쪽 | 값 15,000원

학교자치를 부탁해
유우석 외 지음 | 252쪽 | 값 15,000원

국제이해교육 페다고지
강순원 외 지음 | 256쪽 | 값 15,000원

선생님, 페미니즘이 뭐예요?
염경미 지음 | 280쪽 | 값 15,000원

평화의 교육과정 섬김의 리더십
이준원·이형빈 지음 | 292쪽 | 값 16,000원

학교를 살리는 회복적 생활교육
김민자·이순영·정선영 지음 | 256쪽 | 값 15,000원

 교사를 위한 교육학 강의
이형빈 지음 | 336쪽 | 값 17,000원

 새로운학교 학생을 날게 하다
새로운학교네트워크 총서 02 | 408쪽 | 값 20,000원

 세월호가 묻고 교육이 답하다
경기도교육연구원 지음 | 214쪽 | 값 13,000원

 미래교육, 어떻게 만들어갈 것인가?
송기상·김성천 지음 | 300쪽 | 값 16,000원
2019 세종도서 교양부문

 교육에 대한 오해
우문영 지음 | 224쪽 | 값 15,000원

 혁신교육지구 현장을 가다
이용운 외 4인 지음 | 344쪽 | 값 18,000원

 배움의 독립선언, 평생학습
정민승 지음 | 240쪽 | 값 15,000원

 교육혁신의 시대
배움의 공간을 상상하다
함영기 외 지음 | 264쪽 | 값 17,000원

 서울의 마을교육
이용운 외 지음 | 352쪽 | 값 18,000원

 평화와 인성을 키우는 자기우정
따돌림사회연구모임 우정팀 지음 | 240쪽 | 값 15,000원

 수포자의 시대
김성수·이형빈 지음 | 252쪽 | 값 15,000원

 혁신학교와 실천적 교육과정
신은희 지음 | 236쪽 | 값 15,000원

 삶의 시간을 잇는 문화예술교육
고영직 지음 | 292쪽 | 값 16,000원

 혐오, 교실에 들어오다
이혜정 외 지음 | 232쪽 | 값 15,000원

 혁신교육지구와 마을교육공동체는
어떻게 만들어지는가?
김태정 지음 | 376쪽 | 값 18,000원

 선생님, 특성화고 자기소개서
어떻게 써요?
이지영 지음 | 322쪽 | 값 17,000원

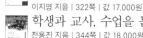 학생과 교사, 수업을 묻다
전용진 지음 | 344쪽 | 값 18,000원

 혁신학교의 꽃, 교육과정 다시 그리기
안재일 지음 | 344쪽 | 값 18,000원

 학습격차 해소를 위한 새로운 도전
보편적 학습설계 수업
조윤정 외 지음 | 225쪽 | 값 15,000원

 물질과의 새로운 만남
베로니카 파치니-케처바우 지음 | 240쪽 | 값 15,000원

 미래교육을 열어가는
배움중심 원격수업
이윤서 외 지음 | 332쪽 | 값 17,000원

살림터 참교육 문예 시리즈 영혼이 있는 삶을 가르치는 온 선생님을 만나다!

 꽃보다 귀한 우리 아이는
조재도 지음 | 244쪽 | 값 12,000원

 성깔 있는 나무들
최은숙 지음 | 244쪽 | 값 12,000원

 아이들에게 세상을 배웠네
명혜정 지음 | 240쪽 | 값 12,000원

 밥상에서 세상으로
김흥숙 지음 | 280쪽 | 값 13,000원

 우물쭈물하다 끝난 교사 이야기
유기창 지음 | 380쪽 | 값 17,000원

 오천년을 사는 여지
염경미 지음 | 272쪽 | 값 16,000원

 선생님이 먼저 때렸는데요
강병철 지음 | 248쪽 | 값 12,000원

 서울 여자, 시골 선생님 되다
조경선 지음 | 252쪽 | 값 12,000원

 행복한 창의 교육
최창의 지음 | 328쪽 | 값 15,000원

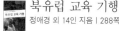 북유럽 교육 기행
정애경 외 14인 지음 | 288쪽 | 값 14,000원

 시험 시간에 웃은 건 처음이에요
조규선 지음 | 252쪽 | 값 15,000원

 다정한 교실에서 20,000시간
강정희 지음 | 296쪽 | 값 16,000원

더불어 사는 정의로운 세상을 여는 인문사회과학 사람의 존엄과 평등의 가치를 배운다

밥상혁명
강양구·강이현 지음 | 298쪽 | 값 13,800원

도덕 교과서 무엇이 문제인가?
김대용 지음 | 272쪽 | 값 14,000원

자율주의와 진보교육
조엘 스프링 지음 | 심성보 옮김 | 320쪽 | 값 15,000원

민주화 이후의 공동체 교육
심성보 지음 | 392쪽 | 값 15,000원
2009 문화체육관광부 우수학술도서

갈등을 넘어 협력 사회로
이창언·오수길·유문종·신윤관 지음
280쪽 | 값 15,000원

동양사상과 마음교육
정재걸 외 지음 | 356쪽 | 값 16,000원
2015 세종도서 학술부문

교과서 밖에서 배우는 철학 공부
정은교 지음 | 280쪽 | 값 14,000원

교과서 밖에서 배우는 사회 공부
정은교 지음 | 304쪽 | 값 15,000원

교과서 밖에서 배우는 윤리 공부
정은교 지음 | 292쪽 | 값 15,000원

한글 혁명
김슬옹 지음 | 388쪽 | 값 18,000원

우리 안의 미래교육
정재걸 지음 | 484쪽 | 값 25,000원

왜 그는 한국으로 돌아왔는가?
황선준 지음 | 364쪽 | 값 17,000원
2019 세종도서 교양부문

공간, 문화, 정치의 생태학
현광일 지음 | 232쪽 | 값 15,000원

인공지능 시대의 사회학적 상상력
홍승표 지음 | 260쪽 | 값 15,000원

동양사상과 인간 그리고 사회
이현지 지음 | 418쪽 | 값 21,000원

장자와 탈현대
정재걸 외 지음 | 424쪽 | 값 21,000원

놀자선생의 놀이인문학
진용근 지음 | 380쪽 | 값 185,000원

포스트 코로나 시대, 예술과 정치
현광일 지음 | 288쪽 | 값 16,000원

좌우지간 인권이다
안경환 지음 | 288쪽 | 값 13,000원

민주시민교육
심성보 지음 | 544쪽 | 값 25,000원

민주시민을 위한 도덕교육
심성보 지음 | 500쪽 | 값 25,000원
2015 세종도서 학술부문

교과서 밖에서 배우는 인문학 공부
정은교 지음 | 280쪽 | 값 13,000원

오래된 미래교육
정재걸 지음 | 392쪽 | 값 18,000원

대한민국 의료혁명
전국보건의료산업노동조합 엮음 | 548쪽 | 값 25,000원

교과서 밖에서 배우는 고전 공부
정은교 지음 | 288쪽 | 값 14,000원

전체 안의 전체 사고 속의 사고
김우창의 인문학을 읽다
현광일 지음 | 320쪽 | 값 15,000원

카스트로, 종교를 말하다
피델 카스트로·프레이 베토 대담 | 조세종 옮김
420쪽 | 값 21,000원

일제강점기 한국철학
이태우 지음 | 448쪽 | 값 25,000원

한국 교육 제4의 길을 찾다
이길상 지음 | 400쪽 | 값 21,000원
2019 세종도서 학술부문

마을교육공동체 생태적 의미와 실천
김용련 지음 | 256쪽 | 값 15,000원

교육과정에서 왜 지식이 중요한가
심성보 지음 | 440쪽 | 값 23,000원

식물에게서 교육을 배우다
이차영 지음 | 260쪽 | 값 15,000원

왜 전태일인가
송필경 지음 | 236쪽 | 값 17,000원

한국 세계시민교육이 나아갈 길을 묻다
유네스코태평양 국제이해교육원 지음 | 260쪽 | 값 18,000원

**코로나 시대,
마을교육공동체 운동과 생태적 교육학**
심성보 지음 | 280쪽 | 값 17,000원

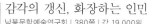

참된 삶과 교육에 관한 생각 줍기